Hans-Jürgen Evert

VERSCHWIEGENE ZEITGESCHICHTE

Wende zur Wahrheit

Der Kämpfer zeigt
Mut und Tapferkeit,
Der Treue opfert sich selbst.

Hans-Jürgen Evert

Hans-Jürgen Evert

VERSCHWIEGENE ZEITGESCHICHTE

Wende zur Wahrheit

EVERT-VERLAG · 8165 FISCHBACHAU
BRECHERSPITZSTRASSE 11

ISBN-Nummer: 3-9800946-4-2

Inhaltsverzeichnis

Vorwort

Das Jahr 1989 stellt sich schon mit Presse, Medien und Reden der Politiker zu all den 50jährigen Jubiläen ein und veranstaltet gemeinsam eine internationale Hetzkampagne gegen das deutsche Volk mit den überholtesten und ungeheuerlichsten, verbogenen Aussagen der „Wahrheit" und der „Tatsachen".

Dieses Jahr hat die Jubiläen gesammelt: Beginn des Ersten Weltkrieges 1914 vor 75 Jahren. Wer war schuld? Nicht viel überlegen! Immer wir! Beginn des Zweiten Weltkrieges vor 50 Jahren. Wer? Nicht fragen! Churchill und Genossen? – Auf keinen Fall! – Hitlers 100. Geburtstag . . . Lauter glänzende Gelegenheiten für die tollen Sieger! Es wird klappen mit neuen Geldforderungen und unendlich vielem Schuldgeschrei gegen das deutsche Volk. Ein Dreckkübel nach dem anderen wird sich auf das Gewissen unserer Jugend wie unserer Alten ergießen. Jede aufkeimende Wahrheit muß sofort wieder erstickt werden!

Die Schmutzfinken haben dabei die Gewißheit, daß kein einziger deutscher Bundespräsident, Bundeskanzler oder Minister seine Stimme zur Verteidigung des deutschen Volkes erheben wird. Diese Spezies sind gewissen Trilateralen, Bilderbergern – wem wohl sonst noch? – verpflichtet. Seit 1949, der Gründung der BRD, wurde von ihnen keine deutsche Politik betrieben, deutsche Interessen nur vertreten, wenn sie zufällig mit anderen zusammenfielen. Es ist bestürzend, dies zu Beginn des Jahres 1989 zu sagen, im fünften Jahrzehnt der Um- oder Wegerziehung aller Werte. „Unsere" – kaum von Gott berufene – Regierung Kohl duckt sich immer wieder vor einer ganzen Reihe von Demütigungen gegenüber NATO, EG und den Siegermächten.

Es ist erschütternd, welch große Sorgen und Mühen Dr. Helmut Kohl und Herrn von Weizsäcker, einem deutschen Adelsmann, Besuche im heiligen Warschau machen, wo sie nur mannhaft für die Deutschen in Polen, besser in den polnisch verwalteten Gebieten des

Reiches auftreten müßten, wo sie die Wahrheit für die deutsch-polnischen Geschichtsabläufe zu fordern oder zu verkünden berechtigt wären. Polen wäre doch zu sagen, daß es in 1000 Jahren seiner Geschichte, wenn es mal selbständig war, stets fremde Erde vergewaltigt hat.

Seit 1919 wartete das deutsche Volk auf polnische Vernunft und Menschlichkeit gegenüber den deutschen Minderheiten in Polen, so wie sie die Polen stets in Deutschland erfuhren und auch heute erfahren. Dazu fliegt aber Bundeskanzler Kohl nicht über die uns geraubten Gebiete. Ihn zieht es nur nach Westen zu seinen „Freunden", zur EG und in eine enge Verstrickung unter Frankreichs Führung. Kann das die Lösung sein nach den Erfahrungen von Jahrhunderten?

Für die erforderliche Befreiung von diesen Fesseln, die uns z.Zt. angelegt werden, gehört ein fähiger Diplomat, der heute noch nicht in Sicht ist. Zumal es ja nur wenige davon gibt. Denn hier hat Genscher keine zwei Schultern, nur eine oder keine. Dieses Fehlen der Schultern ist ja das Ziel unserer „tief geschwärzten oder geröteten Politik" seit Konrad Adenauer, der die Teilung zwischen West- und Mitteldeutschland eh und je gewollt hat. Sein Separatismus in der Weimarer Republik steht heute so urkundlich fest wie in der BRD. Der große Mann hat geglaubt, Bonn und Umgebung Gutes zu tun. Kohl führt Adenauers Absichten weiter aus. Er ist Adenauers „Enkel", was seine Politik betrifft. Adenauer hat ja auch auf jeder Fahrt nach Berlin die Vorhänge seines Zugabteils geschlossen, weil er die „sibirische Steppe" und die „heidnische Stadt" nicht sehen konnte. So fromm war er.

Das besondere Kreuz, das unser Volk zu tragen hat, sind die internationalen Mächte, die sich in Nationen verbergen, die überall in der Welt und selbstverständlich auch bei uns die Macht vollständig in Händen haben. Mißliebige Personen, die irgendwie und irgendwo gegebene Befehle nicht richtig ausführen, Bedenken haben oder frecherweise nationale Ziele anstreben, sind schon gestorben, ehe sie aufwachen können. Sie werden auf der Straße, im Flugzeug, Hotel oder in der Haftanstalt gemordet. Überall, wo es geht. Killer für den plötzlichen Tod werden kaltblütig angemietet.

Der Geheimdienst „Mossad"* ist natürlich etwas anderes. Nur deshalb hat er in der Bundesrepublik Deutschland Asylrecht und kann endlich mit bösen Arabern bei uns abrechnen. Die Araber – es sind ja nur wenig über 200 Millionen – haben mit ihrem dauernden Terror bei uns nichts zu suchen. Kein Innenminister, kein Polizeipräsident oder irgendein Staatsanwalt steht dem Mossad im Wege, wenn er seine Aufträge ausführt. Ist es eine „Narrenfreiheit" oder Sondergesetze, die sie haben?

Es ist traurig, sogar erschütternd zu sehen, mit wie viel Freiheit wir Deutsche die Dinge auf dieser Welt täglich mitansehen – müssen? O nein, wollen und dabei wissen, wie begrenzt unsere Souveränität ist. Nur Krieg führen sollten wir nie mehr. Das tun jetzt andere. Womit denn? Nun, mit Waffen aus den Fabriken östlicher und westlicher Siegermächte. Die Deutschen sollten endlich merken und wissen, daß bei Unruhen die Besatzer auch bei eigener Ohnmacht für Ordnung zu sorgen haben. Kein Polizist, kein Bundeswehrsoldat oder Grenzschutzbeamter darf dabei mitmischen. Auch liebt nicht jeder unsere Beschützer. Wie falsch selbst dann, wenn sie mal deutsche Frauen und Männer mit Knüppeln schlagen, die in Ramstein unnötige Klamotten aus ihren zerstörten Wohnungen holen wollten. Die Souveränität der Bundesrepublik Deutschland endet eben vor jedem Drahtverhau, hinter dem die Besatzer ihre Munition, Raketen oder Giftbehälter aufbewahren. So sind unsere „Befreier" keine Last, höchstens ein Kostenfaktor, und unsere Regierung hat sich zu fügen – nein, das klingt nicht gut! Sie fährt nicht schlecht, fügt sie sich dem Besatzungsrecht. Das hört sich doch viel besser an! Aber Kohl ist wieder anzuraten: „Wer Amerikaner zum Freunde hat, braucht keine Feinde früh und spat!" Kehren wir aber zur Prosa zurück!

Was nun viele Deutsche besonders erschreckend empfinden, ist die Tatsache, daß unsere Jugend in Schule und Universität kaum oder selten die Wahrheit über ihre deutschen Väter mit ihren Taten und

---

* Die über den Geheimdienst Schin-Beth-Mossad eingeholten Informationen kann der Liliputstaat Israel allein nicht verarbeiten. Der Mossad arbeitet daher mit den Institutionen anderer Staaten zusammen. Es heißt, daß der Mossad sich in der BRD wohler fühle als in Sarafend. In der BRD arbeiten mehrere Gruppen, die bestimmend und sogar zentral für die ganze Tätigkeit in Europa sein sollen.

Leistungen in zwei Weltkriegen hört, warum in der Weimarer Republik der Faden gerissen ist? Nur Lügen, schäbige Lügen von Guernica, Lidice bis Arnheim werden täglich mittels Medien und Presse in die „schuldigen, armen Gehirne" gepreßt, und ein tolerantes, vernünftiges Verhältnis zu Isreal wird immer mehr verhindert.

Täglich sind im In- und Ausland Schmähfilme gegen die „Nazis" und deutsche Soldaten gesendet worden. Man ist betroffen, weil dies eine Einheit war, die es seit 1945 nicht mehr gibt, der deutsche Soldat sich in Disziplin, Anstand und Hilfsbereitschaft von keinem anderen in der Welt übertreffen ließ. Und das will viel heißen. Wo ein Deutscher gemordet hat, haben Hunderttausende ihre Pflicht erfüllt und ihre Schuldigkeit getan.

Nein, so werden bewußt alle Ansätze zugeschüttet, in denen sich bei unserer Jugend Selbstbewußtsein, Mut zum eigenen Volk und Wille zur ganzen Welt entwickeln könnte und soll. Aber das ist das Ziel internationaler Großmächte, das sie sich gestellt haben. Seit mehr als einhundert Jahren sind sie bemüht, dieses Ziel zu erreichen. Mit zwei Weltkriegen, mit der Hungerblockade 1919, mit dem Versailler Vertrag, mit dem Vertrag von St. Germain en Laye, der Inflation und dem französischen Einmarsch ins Ruhrgebiet 1923, mitten im Frieden mit durchgeladenen Gewehren, mit all den völkerrechtswidrigen Annexionen deutscher Gebiete laut Schandvertrag von Versailles, mit der Fortnahme der deutschen Schutzgebiete in Afrika und anderswo, mit dem schandbaren und völkerrechtswidrigen Bombenterror auf deutsche Städte, mit der bedingungslosen Kapitulation 1945, haben die Siegesmächte sich selbst Sieg und Ehre genommen. Ist der je ein Staatsmann gewesen, der das Reich der Deutschen als „falsche Sau" bezeichnet hat, als sein Empire durch seine Schuld so schnell in die Brüche ging? Von F. D. R. wollen wir nicht sprechen, von diesem Vater der stalinistischen Sowjetunion.

Diese Mächte wollen Recht und Anstand in der Welt vertreten, wo sie sich nicht einmal scheuen, nach der Kapitulation 1945 Millionen deutscher Menschen zu vertreiben und mit ihren Satelliten Millionen Menschen auf die viehischste Art und Weise abzuschlachten? Davor soll unsere Jugend Achtung haben und diese Völker als Freunde betrachten? Nein und dreimal nein!

Die letzte Kulturschande leisteten sich diese „Sieger", als sie am 23. Mai 1945 die Deutsche Reichsregierung gefangen nahmen, mit der sie den ganzen Monat Mai über verhandelt hatten. Vor eine Wand gestellt – splitternackt Männlein und Weiblein – wurden die deutschen Regierungsmitglieder von britischen Soldaten gefilzt (LN 111–117).* Welch eine Ungeheuerlichkeit eines Kulturvolkes! Damit hat die britische Armee bei den Deutschen soviel Achtung verspielt ... Erinnert sei noch daran, wie englische Soldaten laut Anordnung ihrer Heeresführung gefangene Deutsche im Westfeldzug so gefesselt hatten, daß diese sich bei der kleinsten Bewegung selbst den Erstickungstod beibrachten. Solche Handlungen hält man von einem Kulturvolk nicht für möglich. Bis auf den heutigen Tag ist der Brite seiner jahrhundertealten Tradition in der Menschenbehandlung treu geblieben. In Südafrika und Indien hat sich das gezeigt. Und wer war in Südafrika dabei? Winston Churchill natürlich!

Diese Zeilen sollen die Nachkriegsgeneration, vor allem die Jugend, leicht verständlich in all die Geschehnisse einweisen, die zur heutigen Not unseres politischen und nationalen Lebens geführt haben. Es ist erklärlich, daß auf diesen wenigen Seiten die Ereignisse nur gestreift werden. Anhand des vorliegenden Bücherwaldes von revisionistischen Historikern kann sich aber ein jeder wenigstens Einzelheiten aneignen, um jederzeit zur Waffe der Wahrheit zu greifen, wenn er Verleumdungen begegnet, die das deutsche Volk mit Gewalt, Heimtücke oder aus Irrtum verletzen und besudeln.

Diese Zeilen sollen auch den Nationalstolz unter uns Deutschen fördern und ein gesundes Selbstbewußtsein wecken. Einmal wird die deutsche Einheit, eine deutsche Nation inmitten Europas wiedererstehen, weil die beiden Supermächte im Zerfall begriffen sind, und neue Mächte in der Welt des Fernen Ostens ihr Haupt erheben. Unsere Feinde von 1914 und 1939, die es weithin entgegen unserem Versöhnungswillen so oft noch heute sind, haben *nicht* gewonnen. Wir sagten 1939, daß sie mit uns verlieren werden. Deshalb hatten wir gehofft, daß die Vernunft bei ihnen siegen wird. Doch jene

---

* Generaloberst Jodl nannte es eine „organisierte Plünderung", bei der neben Privatsachen auch Orden, selbst der Marschallstab von Großadmiral Dönitz, gestohlen wurden.

Mächte ließen sich nicht von der Vernichtung Deutschlands abbringen und verfolgen sie heute noch! Was Versailles seinerzeit entzündet hatte, brannte noch 1939 und noch 1989. Es gab bisher keine Feuerwehr, die die Haßflammen löschen konnte. Es fehlt immer noch die Einsicht, daß nur ein Ausgleich und tolerantes Verhalten ein Überleben der europäischen Völker sichert. NATO, EG und UNO vertreten auch heute keine deutschen Belange. Das müssen wir begreifen lernen!

So muß unser Volk zuversichtlich auf das neue Jahrtausend warten. Der Nachkriegsgeneration wird eine gesunde, tatenfrohe und sich ihrer Aufgabe bewußte Jugend folgen und Deutschlands Weg zur endgültigen Einheit gegen Haß und Neid unserer Gegner bahnen. Das wird ganz Europa Frieden und Einheit bringen, viel Unheil in der Welt abwenden und dem Willen und den Naturgesetzen des Kosmos entsprechen, die unser Dasein bestimmen.

Zur 2. Auflage:

Am 3. Oktober 1989 mit der Auslieferung dieses Buches erfolgte schon das politische Erdbeben in Mitteldeutschland, das Deutschland auf einen neuen Sockel stellte. Leipzig – Dresden – Berlin machten Weltgeschichte! Deutsche Dynamik zerriß alliierte Ketten und Verträge. Der „Eiserne Vorhang" fiel am 9. November, und die Berliner Mauer brach zusammen. Die Welt hielt den Atem an . . .

Die Verneiner und Gegner deutscher Einheit von Bahr, Vogel über Kohl, Geißler, Genscher, Späth und Rau wie fast der gesamte Bundestag mußten entgegen ihren internationalistischen Aufträgen (Bilderberger, CFR und Wallstreet) nach der Pfeife der Mitteldeutschen tanzen und zu dem Geschehen gute Miene machen, um sich beim deutschen Volke die Stimmen zur nächsten Wahl zu sichern. Als „Kleinkarierte" sprechen sie nur von „Ostdeutschland", wo Mitteldeutschland gemeint ist – gemeinsam mit Medien und Presse! Für wie dumm halten diese Politiker das deutsche Volk?

Bald wird aber die Zeit kommen, wo alle ostdeutschen Gebiete – gegen den Willen unserer Feinde und ihrer deutschen Handlanger – wieder zu Deutschland zurückkehren und alle Verräter zur Rechenschaft gezogen werden.

I. KAPITEL

Der Plan der Großmächte zur Vernichtung Deutschlands

Der erste Abschnitt bis 1918

Zu unseren Feinden von einst gehört auch der von vielen in aller Welt umjubelte Thomas Mann, der 1918 in „Betrachtungen eines Unpolitischen" zur Entstehung des Ersten Weltkrieges sagt:
„Die Geschichtsforschung wird lehren, welche Rolle das internationale Illuminatentum, die Freimaurer-Weltloge, unter Ausschluß der ahnungslosen Deutschen natürlich, bei der geistigen Vorbereitung und wirklichen Entfesselung des (Ersten – d. Verf.) Weltkrieges, des Krieges der Zivilisation gegen Deutschland, gespielt hat." – Hoppla! Thomas Mann wie Walther Rathenau wissen mehr als die meisten Deutschen. So schreibt Walther Rathenau 1918 „In der Flut" ganz offenherzig auf Seite 66–68:

„Die meisten kennen ihr Geschick noch nicht, sie wissen nicht, daß sie und ihre Kinder geopfert sind. Auch die Völker der Erde wissen noch nicht, daß es um das Leben eines Menschenvolkes geht . . . Wir werden vernichtet. Deutschlands lebendiger Leib und Geist werden getötet. Millionen deutscher Menschen werden in Not und Tod, in Heimatlosigkeit, Sklaverei und Verzweiflung getrieben. Eines der geistigen Völker im Kreis der Erde verlischt. Seine Mütter, seine Kinder, seine Ungeborenen werden zu Tode getroffen." Sprach Rathenau von 1918 oder von 1945?

Dieser Mann, dessen Vater die AEG, ein elektrisches Großunternehmen seltenen Ausmaßes, um die Jahrhundertwende schuf, verkündet uns in seiner Schrift auf den Seiten 69–70:

„Wer in zwanzig Jahren Deutschland betritt, das er als eines der blühendsten Länder der Erde gekannt hat, wird niedersinken vor Scham und Trauer. Die großen Städte des Altertums, Babylon, Ninive, Theben waren von weichem Lehm gebaut, die Natur ließ sie zerfallen und glättete Boden und Hügel. Die deutschen Städte werden nicht als Trümmer stehen, sondern als halberstorbene steinerne Blöcke, noch zum Teil bewohnt von kümmerlichen Menschen. Ein paar Stadtviertel sind belebt, aber aller Glanz und alle Heiterkeit ist gewichen ... Die Landstraßen sind zertreten, die Wälder sind abgeschlagen, auf den Feldern keimt dürftige Saat ..." Ein deutscher und jüdischer Prophet!

Und wieder Rathenau: „Der deutsche Geist, der für die Welt gesungen und gedacht hat, wird Vergangenheit. Ein Volk, das Gott zum Leben geschaffen hat, das heute noch jung und stark ist, lebt und ist tot."

Das sind die Worte eines „Wissenden", der die Ereignisse in Mitteleuropa 27 Jahre so voraussagen konnte, wie sie 1945 offenlagen. Heute, am Ende des 20. Jh., sind die Absprachen und Pläne der Wissenden klarer zu erkennen, weil manche Brüder leichtsinnig und prahlerisch in ihren Aussagen waren, weil viele Untaten inzwischen aufgedeckt wurden und weil sich die Hoffnungen völkervernichtender Ungeheuer noch nicht voll erfüllt haben.

Vor mir liegt ein Weltprogramm der sog. Weisen von Zion aus dem Jahre 1905 auf dem Tisch, das in „DAS RATHAUS" vom 24. April 1921, Nr. 17, in Bremen von der unverdächtigen Deutschnationalen Volkspartei abgedruckt wurde. Dieses Protokoll ist aus dem Judentum mit großer Kräfte-Entfaltung und entsprechendem Erfolg als Erfindung der wenig judenfreundlichen russischen Ochrana* bezeichnet worden. Die Juden mögen recht gehabt haben. Um so überraschender liest sich der Text:

Die angesehene allgemeine Ev.-Luth. Kirchenzeitung veröffentlicht hierüber folgenden nicht von vornherein schonenden Artikel:

„Die russische politische Polizei ist im Jahre 1905 in den Besitz eines in hebräischer Sprache geschriebenen Exemplars des hier folgenden Protokolls gelangt, das offenbar nicht das Original, sondern bloß eine Abschrift darstellt. Prof. Nilus, Doktor der hebräischen und chaldäischen Sprache und Berater des Auswärtigen Amtes in Petrograd, wurde beauftragt, diesen Text zu untersuchen und zu übersetzen. Die russische Regierung fand ihn wertvoll genug um ihn in einer sehr

---

* Geheimpolizei, seit 1881 dem Pol.-Departement St. Petersburg unterstellt.

beschränkten Anzahl von Exemplaren einigen Regierungen und wissenschaftlichen Anstalten zu überweisen. So erhielt auch das Britische Museum in London mit dem Stempel der Londoner Post vom 10. August 1906 ein Exemplar, das aber bis auf den heutigen Tag keiner Beachtung gewürdigt wurde. Anläßlich der diesjährigen Beständerevision (1921 – d. Verf.) des Museums ist die Edition näher untersucht und vom Britischen Museum offiziell veröffentlicht worden."

In teilweiser Zusammenfassung des Protokolls heißt es, „daß der Rat der Weisen auf Zion eine internationale Geheimorganisation der Juden in der ganzen Welt ist. Er strebt die Weltherrschaft des Judentums an und nimmt zu dem Zweck in ständigen Konferenzen fortgesetzt Stellung zu allen politischen Ereignissen, geheime Order an seine Unterverbände in allen Ländern erteilend. Eine jüdische Weltherrschaft ist erst nach der Zermürbung aller christlichen Staaten möglich."

Demgemäß beschließt der Rat der Weisen von Zion, was folgt: „Es sei in den folgenden Jahren konzentrierter und mit erhöhter Initiative alle Anstrengung des organisierten Judentums darauf zu richten, in die bestehenden politischen Körper alle jene Ideen hineinzupflanzen, welche in ihrer praktischen Folgerung geeignet sein müssen, die Kraft dieser Körper zu brechen."

„Am zugänglichsten hierfür werden sich die Massen des Sozialismus zeigen, die für den Kommunismus zu begeistern und behutsam, Schritt für Schritt, zu befähigen sind, den Organismus des Staates zu zerstören und in vollkommenem Anarchismus aufzulösen. Es ist notwendig, daß diese Entwicklung in jüdischen Händen bleibt, um zu verhüten, daß sie in ihren letzten Schlägen sich gegen uns selbst richte."

„Die Demokratie, die sich aus der Staatskunst des christlichen Europas langsam entwickelt hat und bereits stark gefestigt ist, muß von uns aus teils verherrlicht und übertrieben und so irregeleitet und diskreditiert werden, damit die anderen unter uns immer leichtere Arbeit haben, welche die Aufgabe übernommen haben, in Theorie und Praxis gegen die Demokratie zu wirken. Die Völker dürfen nie zur Ruhe, zur Pflege ihrer inneren Angelegenheiten kommen. Wir

müssen durch unseren Einfluß auf Wirtschaft, Handel, Finanz und Presse das Augenmerk der Völker nach außen richten, ihr gegenseitiges Mißtrauen stärken, sie fortgesetzt sich selbst beunruhigen lassen ... Es wird vor allem die Regierung zwingen, eine geheime Politik und eine offene zu betreiben, eine geheime unter sich, die wir kennen, und eine offene gegenüber den Völkern, die wir in ihrer notgedrungenen Unaufrichtigkeit unterstützen müssen ...
Das Volk, gleichviel welches, ist nur eine Hammelherde, und die nichtjüdischen Monarchen sowohl als die liberalen und demokratischen Staatsmänner sind bloße Emporkömmlinge aus dieser Hammelherde, lächerlich eingebildet, ihrer Rolle ewig unsicher und darum unserem Rate um so zugänglicher, je reicher wir ihnen die Mittel für ihre selbstsüchtige Politik verschaffen und sie im Glauben zu bestärken vermögen, daß sie große Staatsmänner und auserlesene Persönlichkeiten seien."
Für die Einreihung der folgenden Tatsachen, die wir erleben, möchte ich neben dem vollen Wortlaut in Anmerkung Nr. 1 noch folgende Sätze aus diesem Weltprogramm anführen:
„Und sind wir einmal in einigen großen, für die Weltwirtschaft, für die Getreide- und Rohstoffversorgung sowie für den Transport wichtigen Ländern Herren der Lage, *rotten wir zuerst die Intelligenz aus* und schüchtern die Massen, die wir von den Tyrannen befreiten, selber durch Terror ein, bis sie das gefügige und zuverlässige Werkzeug unseres Willens sind ..."
„Es ist wesentlich, es für uns so einzurichten,

DASS ES IN ALLEN LÄNDERN NEBEN UNS NICHTS ALS NUR EIN GEWALTIGES PROLETARIAT GIBT, WOBEI SOLDATEN UND ÖFFENTLICHE SICHERHEIT UNSERER SACHE DIENSTBAR SEIN MÜSSEN."
(siehe Anmerkung Nr. 1)

Ich will nicht glauben, daß dieses Programm schlechthin *das* Programm *des* Judentums ist. Ob es aus jüdischen Kreisen oder aus der jüdischen Geheimpolizei stammt, ist keineswegs klar. Doch ist sicher, daß es einen von Juden beherrschten Kommunismus als Endsieger sieht. Hat sich die Welt so entwickelt? Die entscheidenden

Kreise des Judentums, das in der Tat ungeheure Macht entfaltet, finden sich im Hochkapitalismus. Nicht Moskau, sondern die Wall Street ist die größte Hauptstadt der Erde. Damit stimmen die „Protokolle" aber wohl nicht überein.

Wenn man die letzten Jahrzehnte des vorigen Jahrhunderts kritisch betrachtet, stellt die Tätigkeit der sozialistischen Parteien sicher einen Erfolg in dieser Richtung dar. Bei Kenntnis der Ursachen, die zu den Revolutionen 1789 in Frankreich, 1905 und 1917 in Rußland und 1918 im Deutschen Reich führen, lassen sich Geldgeber und Verursacher benennen. Immer wieder erscheint dabei dasselbe Haus Rothschild, das den Aufrührern die Arbeit bezahlt. Hat es mit seinem Geld die Siege geschaffen oder die Sieger nur gestärkt?

Im Jahre 1890 druckt das englische Wochenblatt „TRUTH" in der Weihnachtsnummer die berühmte „Karte der Eingeweihten" ab, und zwar 24 Jahre vor Ausbruch des Ersten Weltkrieges und 29 Jahre vor dem „Friedensschluß" in Versailles unter dem Titel „The Kaiser's Dream".

Auf dieser Karte der „TRUTH" sehen wir die Abdankung bzw. die Flucht von vier Monarchen: des deutschen Kaisers, des Zaren von Rußland, des Kaisers von Österreich und des Königs von Bulgarien. Sonderbar: gerade jene vier, die 1917 und 1918 gestürzt wurden, waren dazu also schon 1890 bestimmt! Möglich, daß es sich um eine Vorahnung handelt, nicht mehr? Immerhin sehen wir den Rhein als französische Grenze auf der genannten Karte, was später die Besatzungsarmee erzwingen sollte. Wir sehen Dänemark nach Süden vergrößert . . . Danzig und Ostpreußen vom Reich abgetrennt durch den Korridor und die besondere Farbe, mit der Bayern überstrichen ist . . . sogar das Ruhrgebiet in Erwartung der Besetzung. Wir sehen eine selbständige finnische Republik, die selbständige Tschechoslowakei. Auch Österreich fehlt nicht . . . die spanische Republik! . . . (SB225/226).

Die Behauptung, daß es sich bei dieser „Karte der Eingeweihten" um eine Nachkriegsfälschung handle, suchte U. Fleischauer zu widerlegen, der dies notariell am 15. März 1927 von Notar Franke/Naumburg beglaubigen ließ (SB227).

So lassen sich viele Beispiele anreihen, die ich in meinem Werk

17

„IN DER ZEITENWENDE" ab Seite 69 aufgeführt habe. Immer wieder sind es Juden, die als Führungskräfte der Freimaurer die Karten mischen, um die Welt in einem für sie scheinbar guten Sinne zu verändern.

Mit den vier Monarchien in Europa haben diese Geheimmächte das Rückgrat, die Ordnungsmächte Europas, aus Haß und Neid lebensgefährlich verletzt. Seit rund 70 Jahren versuchen sie es mit Marxismus, Inflationen, Arbeitslosenproblemen und einem Zweiten Weltkrieg, um das verwundete Europa gänzlich zu entmachten und auszuschalten. – Die Treiber können nicht nur Juden sein. Sie sind auch nicht identisch mit dem ganzen Judentum. Dennoch ist der jüdische Anteil da. Ob es stets die Führung stellt, das ist die Frage. Zu ihrem Unglück haben weder der Zweite Weltkrieg, weder der Morgenthau-Plan noch der Kaufman-Plan, weder die Reparationen der zwanziger Jahre noch die Weltwirtschaftskrise 1929 zum erhofften Ziel geführt. Auch der Bruch des Versailler Vertrages durch England (deutsch-brit. Flottenabkommen), der Frankreich ein Militärbündnis mit der Sowjetunion abschließen läßt – gegen das Deutsche Reich natürlich! – sind keine Kriegshandlungen Hitlers oder vorbereitende Maßnahmen dafür! Hitler hat in seiner dogmatischen Zuneigung zu England wiederholt Friedensangebote gemacht an England, Frankreich und Polen.

Trotzdem Hitler keinen Krieg führen wollte, auch gar nicht dazu gerüstet war, ließ er sich nicht von den Polen zum ersten Schuß verleiten, wie es unwissende Politiker und andere Schlaumeier immer ausposaunen. „In der letzten Augustwoche eröffnete Polen vom eigenen Kriegshafen auf der Halbinsel Hela das Feuer auf ein deutsches Verkehrsflugzeug, eine Ju 52, die den Flugplatz Danzig-Langfuhr anflog. Mehrere Flakgranaten detonierten über der Danziger Bucht und schlugen in den Gärten und am Strand von Neufahrwasser ein. Eine Woche vor Ausbruch des Krieges!

Welcher Art die Ausrüstung der Westerplatte war, beweist die Tatsache, daß die polnische Besatzung dank ihrer schweren Geschütze erst am 7. September 1939 kapitulierte. Im Gegensatz zur FAZ vom 27. Januar 1989 und Weizsäckers beabsichtigter Polenreise muß festgehalten werden, daß die genannten „polnischen Befestigungen"

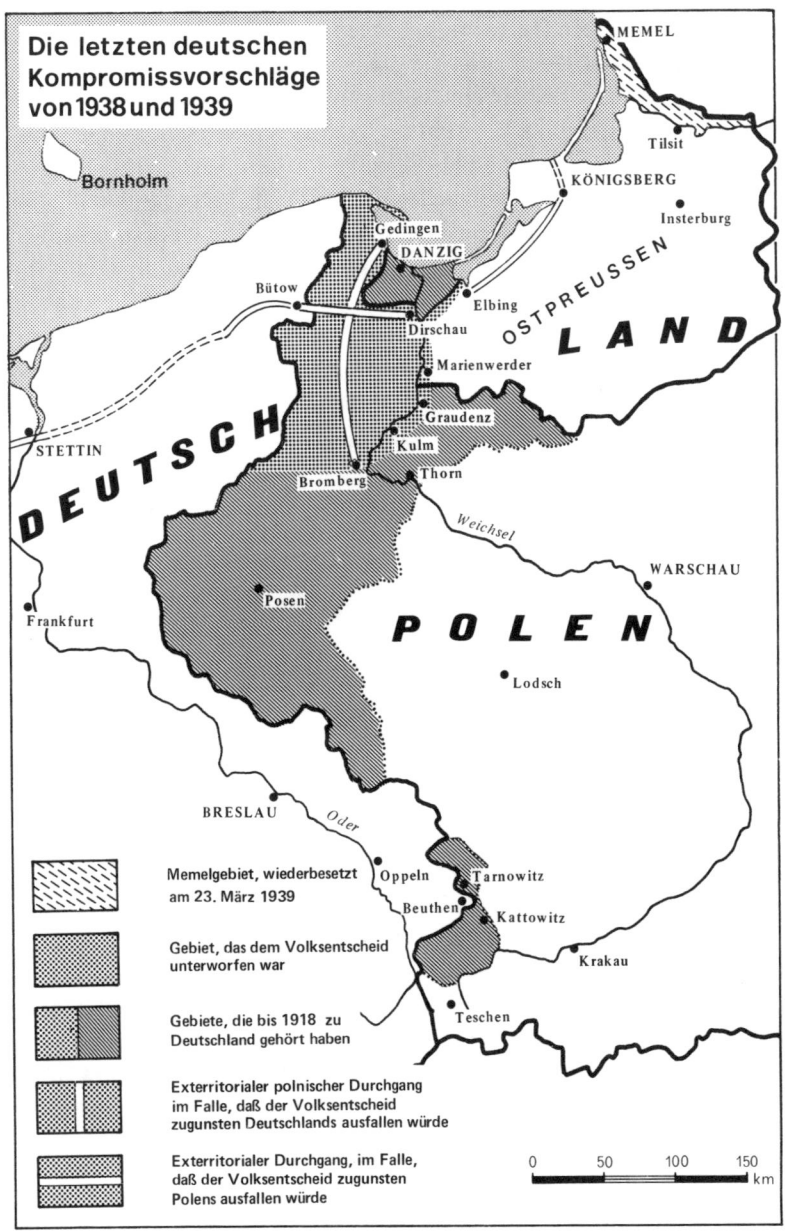

Die letzten deutschen Kompromissvorschläge von 1938 und 1939

MEMEL

Tilsit

KÖNIGSBERG

Insterburg

Bornholm

Gedingen

DANZIG

Bütow

Elbing

O S T P R E U S S E N

Dirschau

Marienwerder

L A N D

Graudenz

Kulm

STETTIN

D E U T S C H

Bromberg

Thorn

Weichsel

WARSCHAU

Frankfurt

Posen

P O L E N

Lodsch

BRESLAU

Oder

Memelgebiet, wiederbesetzt
am 23. März 1939

Oppeln

Tarnowitz

Beuthen

Kattowitz

Gebiet, das dem Volksentscheid
unterworfen war

Krakau

Gebiete, die bis 1918 zu
Deutschland gehört haben

Teschen

Exterritorialer polnischer Durchgang
im Falle, daß der Volksentscheid
zugunsten Deutschlands ausfallen würde

Exterritorialer Durchgang, im Falle,
daß der Volksentscheid zugunsten
Polens ausfallen würde

0   50   100   150
                        km

19

inmitten Danziger Territoriums lagen und unter Mißbrauch des Völkerrechts von Polen zum Ausgangspunkt des Krieges umfunktioniert wurden. Die ersten Schüsse gingen vom polnischen Kriegshafen Hela aus. Die deutsche Begründung vom 1. Sept. 1939: „ab 4.45 Uhr wird zurückgeschossen" ist also eine historische Tatsache. (L) Wie ist die Lage in Europa zu Beginn des 20. Jh.? Der Dreibund, das Deutsche Reich, die Doppelmonarchie Österreich-Ungarn und Italien entstand durch den Anschluß Italiens am 20. Mai 1882 an das reichsdeutsch-österreichische Bündnis. Dieser Pakt hat Europa über dreißig Jahre den Frieden erhalten, weil er unter der Führung Deutschlands stand, das mit der politischen Gliederung Europas zufrieden war.

Diesem europäischen Frieden widerspricht die *Einkreisungspolitik* König Eduards VII. von England, einem Hochgradfreimaurer, wie viele andere Monarchen und Politiker.

Er verfolgt Englands oberste Ziele:

1. die Aufrechterhaltung der unbedingten Herrschaft über die Weltmeere und
2. die Stellung als erster Handels- und Industriestaat der Erde.

Schon 1905 berichtet der belgische Gesandte in Berlin, Baron von Greindl, am 18. Februar: „Die wahre Ursache des Hasses der Engländer gegen Deutschland ist die Eifersucht, hervorgerufen durch die außergewöhnlich rasche Entwicklung der Handelsflotte, des deutschen Handels und der deutschen Industrie. Dieser Haß wird fortbestehen, bis die Engländer sich mit dem Gedanken vertraut gemacht haben, daß der Welthandel kein Monopol ist, welches England von Rechts wegen zukommt.

Es war klar, daß die Neuorganisierung der englischen Flotte gegen Deutschland gerichtet war."

Graf Lalaing, der belgische Gesandte in London, schreibt am 23. Juni 1906:

> „Deutschland ist der große kommerzielle, militärische und in der Zukunft vielleicht auch maritime Nebenbuhler; daraufhin glaubt jeder gute Bürger verpflichtet zu sein, dieses Land zu hassen. Er sagt sich, daß es für den

Augenblick das einzige Land ist, von dem er seit der Schwächung Rußlands und der Entente mit Frankreich etwas zu fürchten hat" (NF 1/2).

Der Franzose Fr. Delaisi schreibt in „La guerre qui vient" im Jahre 1911:

„. . . Jetzt bereitet sich ein Konflikt vor, gegen dessen Folgen das furchtbare Blutbad des Russisch-Japanischen Krieges ein Kinderspiel war. Auf der ganzen Welt bekämpft das englische Kapital das deutsche. Kein anderes Ende läßt sich absehen als der Krieg . . ."
„Während des ganzen 19. Jh. war England ohne Widerspruch Herr der industriellen Welt . . . England konnte sich als unbestrittenen Herrscher über die Weltmächte ansehen. Da trat wider alles Erwarten ein neuer Bewerber auf den Plan! . . . Unsere Chauvinisten haben sich immer bemüht, uns Bismarck als einen Kerl hinzustellen, der von früh bis spät nur über dem einen Gedanken brütete, wie er seine Ulanen* wieder nach Frankreich loslassen könnte. In Wirklichkeit hatte er nur das eine Bestreben: Die Deutschen nach dem englischen Vorbild zu einem Industrievolk zu machen . . ." und weiter:
„Aus allen Teilen der Erde kamen von den zur Überwachung des internationalen Handels bestellten englischen Konsuln beunruhigende Berichte. Überall stellten sie die Anwesenheit und Geschäftigkeit deutscher Geschäftsreisender, deutscher Ingenieure und deutscher Unternehmer fest, die sich Aufträge, Konzessionen und Anleihen sicherten. Und überall verlangsamte sich der Fortschritt des englischen Handels, während der deutsche reißend zunahm . . ."
„Jetzt bekam man in England wirkliche Besorgnis, und das anfängliche Erstaunen der englischen Fabrikanten über den neuen Nebenbuhler hatte sich rasch in Unruhe und Wut gewandelt . . . England, das sich im industriellen Wettkampf geschlagen fühlte, traf für die Entscheidung mit den Waffen Vorbereitungen nach zweierlei Richtung:
1. trachtete man durch ein System von Ententen und Bündnissen Deutschland einzukreisen, suchte es für den Tag der Entscheidung (für den Kriegsbeginn – d. Verf.) zu isolieren, daß es von keiner Seite auf militärische oder finanzielle Unterstützung zählen könnte,
2. begann man zur selben Zeit in London mit gewaltigen Rüstungen . . ."

---

* Berittener Truppenteil.

England will die deutsche Industrie vernichten!

Schon im Jahre 1897 führt die „SATURDAY REVIEW" aus: „Englands Gedeihen kann nur gesichert werden, wenn Deutschland vernichtet würde. England mit seiner langen Geschichte erfolgreicher Angriffe, mit seiner wunderbaren Überzeugung, daß es zugleich mit seiner Fürsorge für sich selbst Licht unter die im Dunkeln lebenden Völker verbreitet, und Deutschland, demselben Fleisch und Blut entsprossen, mit geringerer Willensstärke, aber mit vielleicht noch kühnerem Geiste, wetteifern miteinander in jedem Winkel des Erdballs. Überall hat der deutsche Handlungsreisende mit dem englischen Hausierer gestritten. Eine Million kleiner Zänkereien schaffen den größten Kriegsfall, den die Welt je gesehen hat." Gelassen fährt die Zeitung fort:

„Wenn Deutschland morgen aus der Welt vertilgt würde, so gäbe es übermorgen keinen Engländer in der Welt, der nicht um so reicher sein würde. Völker haben jahrelang um eine Stadt oder um ein Erbfolgerecht gekämpft; müssen sie nicht um einen jährlichen Handel von 250 Millionen Pfund Sterling (= 5 Milliarden Mark) Krieg führen?" (NF 5–6)

Tatsache ist, daß es im Ersten Weltkrieg nur einen Sieger gab: die USA. Wie im Zweiten so auch im Ersten Weltkrieg verloren England, Frankreich und Rußland bzw. die Sowjetunion *mit* Deutschland. Sie hatten nicht die Einsicht, daß dies so sein werde. Waren Judentum und Freimaurerei mit im Spiel, dann war der Erfolg der USA sicher, die schon zu Wilsons Zeiten eine Weltmacht war. Nur auf Dauer kann sie die erforderliche Stärke dazu *allein* nicht aufbringen. Seit 1929 war das klar. Es ist aber auch zu überdenken, ob der Staat Israel das letzte Wort einer jüdischen Weltpolitik ist, *wenn* das Judentum eine führende Rolle in Moskau, London und in der Wall Street spielt. Studiert man die Presse vor 1914, stellt man fest, wie eine Volksmeinung aufgeheizt werden kann. Beim normalen Engländer wurde schon gefordert, beim Einmarsch ins Rheinland und Westfalen alle deutschen Bergwerke und Fabriken zu zerstören. Weiter hieß es: „Für Englands Existenz ist es unbedingt notwendig, daß nicht der Kanal, sondern die Grenzen Belgiens und Hollands die britischen

Grenzen gegen Deutschland zu bilden haben" (N/F 7). Die deutsche Antwort kam 1940.

Sicher gab es immer wieder jüdische Freimaurer, die in der ganzen Welt gegen das deutsche Volk gehetzt haben. Ich persönlich habe nichts gegen Juden, so lange sie nicht gegen mein deutsches Volk Haß säen. Wie bei jedem Volk ist es falsch, *das* Judentum pauschal zu sehen. Ich weiß, daß es sehr korrekte, hervorragende Persönlichkeiten unter ihnen gab – allgemein und nicht nur unter Wissenschaftlern und Künstlern! Beim Boykott deutscher Waren 1933 richteten deutsche Juden an die Mächte der Welt die Bitte, von jeglichem Boykott abzusehen, weil die Juden im Reich unbehelligt leben könnten. (Trachtenberg-Verlag/Berlin).

Um all den Verleumdungen und Lügen deutscher Politiker in der verbrecherischen Propaganda aus Siegerkreisen zu begegnen, möchte ich dennoch eine Reihe von Handlungen anführen, die nur von blindem Haß und dem Willen zur Vernichtung unseres Volkes diktiert sein konnten:

Seit 1892 arbeiteten die Generalstäbe Frankreichs und Rußlands eng zusammen. Seit Beginn des 19. Jh. nahmen England, ab 1906 das neutrale Belgien, dann Luxemburg und die Niederlande an den jährlich stattfindenden Generalstabsbesprechungen teil, in denen neu aufzustellende Truppenteile für jedes Land festgelegt wurden. Als Belege liegen mir französische und britische Dienstanweisungen vor. Vor dem Zweiten Weltkrieg wurden auch wieder Geheimverhandlungen vom 2. April 1935 bis zum Westfeldzug zwischen Polen, Frankreich, England und den Niederlanden geführt. (Mu).

Der Begründer des politischen Zionismus, Theodor Herzl, verkündet am 13. August 1900: „Mit England können wir sicher sein, daß die zionistische Idee mächtiger und höher steigen wird als je."

Was Wunder, wenn Winston Churchill 37 Jahre später, im Juni 1937, dem Zionismus die Dienste des ganzen britischen Empire zu Füßen legt! In Anwesenheit des prozionistischen Labour-Führers Attlee und des Liberalen Lord Sinclair erklärt er dem Zionistenführer Chaim Weizmann: „Sie wissen, daß Sie über uns verfügen können . . . und was Sie sagen, gilt. Wenn Sie von uns verlangen, daß wir kämpfen, dann werden wir kämpfen wie die Tiger."

Auf dem großen Freimaurerkongreß 1889 in Paris – genau vor einhundert Jahren! – wurde die folgende Erklärung angenommen:

> „Die soziale Revolution ist es, welche unseren gemeinsamen Feind zu Fall bringen wird, wie sie alle Tyrannen Europas und der ganzen Welt untergräbt, ganz wie Heinrich Heine mit Prophetenblick schon 1835 voraussagte: ihr werdet in naher Zukunft bei unseren Nachbarn – den Deutschen – Zeuge eines Zusammenbruchs sein, dem gegenüber unsere Revolution von 1789 nur ein Kinderspiel war."

Wir wissen, daß eine Reihe der preußischen Hohenzollernfürsten Freimaurer waren. Aber Kaiser Wilhelm II. war es nicht, hatte dies stets abgelehnt. Daher verkündete die große Landesloge von Frankreich 1888 im DREI-KAISER-JAHR:

> „Da der Kaiser sich nicht einweihen lassen will, werden sie – die deutschen Brüder – das deutsche Volk einweihen, und wenn die kaiserliche Regierung die Freimaurerei verfolgt, werden diese die Republik in Deutschland aufrichten." Man liest das, glaubt nicht alles und kommt doch nicht ganz davon los.

Die volle Absicht konnte man in der „Saturday Review" vom 1. September 1896 ganz offen lesen, wo „Bruder" Sir P. Mitchell schrieb:

> „. . . Einer von beiden muß das Feld räumen, einer von beiden wird das Feld räumen. Macht Euch fertig zum Kampf mit Deutschland; denn Deutschland muß zerstört werden." Ist das nicht zu primitiv, um für die gesamte Freimaurerei zu gelten?

Im Jahre 1913 war es dann so weit. Im Schlußbericht der internationalen Bankenallianz wird nüchtern festgestellt:

> „Die Stunde hat geschlagen für die Hochfinanz, öffentlich ihre Gesetze für die Welt zu diktieren, wie sie es bisher im Verborgenen tat. – Die Hochfinanz ist berufen, die Nachfolge der Kaiserreiche und Königtümer anzutreten, mit einer Autorität, die sich nicht nur über ein Land, sondern über den ganzen Erdteil erstreckt . . . DER EUROPÄISCHE KRIEG KOMMT, UNSERE HOCHFINANZ WILL ES!" Das klingt wahrscheinlicher!

So wurde vieles organisiert, so wurden im 20. Jh. der Rotary-Club, die Lionisten, an sich keine Leute der Weltpolitik, als „Vorfeldorganisation" zur geistigen Vorbereitung nach den Erfahrungen eingesetzt, die im 19. Jh. die „Zeugen Jehovas" bei gleicher Auftragsstellung gemacht hatten.

Genau nach Plan und bereits einige Jahre vor Beginn des Ersten Weltkrieges findet in Kopenhagen vom 28. August bis zum 1. September 1910 der 8. Internationale Sozialdemokratische Kongreß statt. Tagungsort ist der Logenpalast des „Odd-Fellow-Ordens". Teilnehmer sind: Methodistenprediger Ramsay MacDonald (später Premier Englands), Emil Vanderveld (später Ministerpräsident Belgiens), Georges Clémenceau (von 1917–1920 Ministerpräsident Frankreichs), Stauning (später Ministerpräsident Dänemarks), Branting (später Ministerpräsident Schwedens), Lenin (später Diktator der UdSSR) und sein Gegner Trotzki–Bronstein (E 54).

Wenn diese Aufreihung europäischer Ministerpräsidenten schon mehr als aufhorchen läßt, so überrascht den Leser 80 Jahre später die folgende Liste der deutschen Teilnehmer um so mehr:

> Philipp Scheidemann,
> Friedrich Ebert,
> Adolf Hoffmann,
> Südekum und Klara Zetkin,
> Karl Liebknecht,
> Dr. David und Dr. Frank

An der Teilnehmerliste kann man ohne Schwierigkeit erkennen, wie zielgerecht und vorausschauend die Vernichtung des deutschen Volkes von der Internationale aller Schattierungen betrieben wird. In geheimen Sitzungen wurden auf diesem Kongreß den einzelnen Teilnehmern die Aufträge zugeteilt, die zum Weltkrieg, zu den verschiedenen Streiks in der deutschen Arbeiterschaft und letztlich zu der Meuterei der Matrosen der Kaiserlichen Hochsee-Flotte in Kiel am 3. November und der Revolution 1918/1919 führten.

Die große Einkreisung des friedlichen deutschen Kaiserreiches führt nach mehr als zehnjähriger Vorbereitung am 1. August 1914 zum Erfolg. Lord *Northcliffe* sagte damals: „52 englische, russische, französische und italienische Zeitungen haben den Krieg zustande gebracht."

Alle Friedensbemühungen Kaiser Wilhelm II. waren vergeblich. Der Kaiser befand sich mit seiner Yacht auf einer Fahrt in der Nordsee, als am 29. Juli der französische Ministerpräsident *Viviani* dem russischen Botschafter *Izwolski* die Entschlossenheit der französischen Regierung, ohne Vorbehalte „in voller Einigkeit mit Rußland gemeinsam vorzugehen", bestätigte (E 79).

Am 30. Juli 1914 hatte General Joffre bereits fünf Armeekorps im Fußmarsch in die Grenzbezirke verlegen lassen, mit dem Befehl zehn Kilometer Abstand zur deutschen Grenze zu halten (E 80).

Am 31. Juli 1914 traf die Nachricht von der *russischen Generalmobilmachung* in Paris ein, nachdem *Poincaré* in Petersburg – wohlgemerkt weder in Berlin noch in Wien! – mit dem russischen Außenminister *Suchomlinow* Ende Juli 1914 den Beginn des Ersten Weltkrieges festgelegt hatte (Ev 121).

Die ‚Downingstreet' ist aus der „Splendid Isolation" entkommen und *kann* mit Frankreich und Rußland seit 1904 die *Einkreisung des Deutschen Reiches erfolgreich durchführen.* So steht der Entschluß zum Krieg bei der Entente schon fest, bevor deutsche Truppen in das „neutrale" Belgien einrücken. Heute ist längst bewiesen, daß das *Königreich Belgien nie neutral war* (MU 2).

Aber neben allen Mächten, die seit 1914 dem Deutschen Reich die Alleinschuld am Ersten Weltkrieg anhängen wollten, gibt es doch sogar noch heute Deutsche, die das immer noch glauben! Aber die Mitteilung skandinavischer Diplomaten, daß ab Beginn des Jahres 1914 Truppentransporte aus Sibirien an die russische Westgrenze zum Aufmarsch gegen die Mittelmächte* rollen, besagt genug.

Das ist die Wahrheit über das Deutsche Reich, den Kaiser, der Ende der zwanziger Jahre auf einem Historikerkongreß von jeglicher Schuld am *Kriege freigesprochen wird* und dessen Ruf in aller Welt wiederhergestellt wurde, nur in Deutschland nicht. Der internationale Historikerkongreß 1956 in London legte endgültig fest, daß das Kaiserreich nichts zur Entfesselung des Ersten Weltkrieges beigetragen hat.

---

* Deutsches Reich und Österreich-Ungarn

Zur Vernichtung Deutschlands mußte in erster Linie das deutsche Kaiserreich vernichtet werden. Als *Nachfolger Ludendorffs* erstand General *Wilhelm Groener*, nach Ansicht des amerikanischen Historikers *David L. Hogan* ein Werkzeug der Verschwörung in Deutschland (Hog 149).

Mit Hilfe Hindenburgs wurde der Kaiser gehindert, an der Spitze deutscher Truppen gegen Berlin vorzurücken. „So kam es, daß Wilhelm II. am 9. November 1918 in Spaa in gewisser Weise erpreßt und insgeheim mit der Eisenbahn und im Automobil unter Bewachung über die internationale Grenze nach Holland abgeschoben wurde . . ." (Hog 149).

Wie die Weltfreimaurerei überall ihre Ziele verfolgt, beweist auch noch folgende Mitteilung, „daß eine dem B'nai Brith verwandte holländische Loge zwei Tage vor dem Übertritt des Kaisers auf holländisches Gebiet, also noch bevor dieser Grenzübertritt beschlossen war, darüber bereits nach Den Haag als von einer bevorstehenden Tatsache meldete, so daß der holländische Regierungskommissar, der den Kaiser unmittelbar nach dem Grenzübertritt festnahm, sich schon zwei Tage vorher auf der Übergangsstation aufhielt" (SB 294).

So verfuhr ein „Neutraler" mit einem Mann, der stets für den Frieden in der Welt eintrat und während dessen Regierungszeit das Deutsche Reich sein erstes Wirtschaftswunder erlebte, als es die Produktion vieler Güter um mehrere 100% erhöhen konnte und friedlich und zufrieden lebte – über vierzig Jahre lang.

Der zweite Abschnitt bis 1989

Da 1918 eine Zerschlagung des Deutschen Reiches nicht geglückt war, wurden die Fesseln der Verträge von Versailles und St. Germain geschmiedet. Diese waren so grausam und gegen jedes bestehende Völkerrecht erdacht, dazu in solch ausgreifendem Maß in allen Lebensbelangen bestimmend, daß sich jeder einzelne Paragraph nicht nur als bewußt gewollte Demütigung der Deutschen auswies, sondern das Leben der Zukunft aussichtslos erscheinen ließ. Dieser Krieg stürzte mehrere Völker mit über einer Viertel Milliarde Menschen in koloniale Abhängigkeit, Elend, Hunger und Rechtlosigkeit. Kein zivilisiertes Volk war je zu solchen Lebensbedingungen verurteilt, wie sie Haß und Neid entstehen ließen. Die besiegten Völker werden vom Kapitalismus der Siegermächte ausgebeutet, daß man damals ein Überleben für unmöglich hielt. Kaum eine Viertel Milliarde Menschen – USA, England, Japan und die neutralen Staaten – waren die Gewinner des Ersten Weltkrieges. Die USA, ein verschuldetes Land, wurde mit einem Schlag ein *Land, dem alle Länder verschuldet waren.* England beispielsweise hatte 1939 seine Schulden an die USA von 1918 noch nicht zurückgezahlt und erhielt von Henry Morgenthaus Schatzamt im Verein mit der Wall Street die schwindelnde Summe von 30 753 304 000 Dollar allein an Leih- und Pachthilfe. Heute lebt es nach Verlust des Empire *in voller Abhängigkeit von den Vereinigten Staaten von Amerika.*

Man höre den Text des § 231 des Versailler Vertrages:

„Die alliierten und assoziierten Regierungen erklären und Deutschland erkennt an, daß Deutschland und seine Verbündeten als Urheber aller Verluste und aller Schäden verantwortlich sind, welche die alliierten und assoziierten Regierungen und ihre Angehörigen infolge des ihnen durch den Angriff Deutschlands und seiner Verbündeten aufgezwungenen Krieges erlitten haben."

Im Artikel 232 heißt es wie zum Hohn im ersten Absatz:

„Die alliierten und assoziierten Regierungen erkennen an, daß die Hilfsmittel Deutschlands nicht ausreichen, um die vollständige Wiedergutmachung aller dieser Verluste und aller dieser Schäden sicherzustellen . . . ."
Im 2. Absatz heißt es:
„Die alliierten und assoziierten Regierungen verlangen indessen und Deutschland übernimmt die Verpflichtung, daß alle Schäden wiedergutgemacht werden, die der Zivilbevölkerung jeder der alliierten und assoziierten Regierungen und ihrem Eigentum während der Zeit, da diese Macht sich im Kriegszustand mit Deutschland befand, durch den erwähnten Angriff zu Lande, zur See und aus der Luft zugefügt sind, und überhaupt alle Schäden, wie sie in der Anlage I näher bestimmt sind . . . ."

Allein diese wenigen Sätze drücken die ganze *Haß- und Rachsucht der Siegermächte von 1918* aus und zeigen, wie umfassend und sadistisch die Zerstörung alles deutschen Lebens lange geplant und in den Paragraphen von Versailles festgelegt wurde. Wenn man sich nun noch klarmacht, daß kaum ein Staat der Welt dem Deutschen Reich nicht den Krieg erklärt hatte, so entsteht die für das Deutsche Reich katastrophale Sachlage, daß die ganze Welt Forderungen in unbeschränkter Höhe stellen konnte und auch forderte, daß nach verschiedenen Änderungen der Zahlraten in den nächsten 15 Jahren Reparationszahlungen in Höhe von 897,8 Millionen bis zum Jahre 1988 zu zahlen gewesen wären.* (siehe Eve 257)

Während das deutsche Volk für Jahrzehnte gedemütigt, bestohlen und aller Rechte beraubt wurde, ergreift Benedikt XV. die Feder und schreibt unter dem 9. Oktober 1919 an Kardinal Amette die Zeilen:

„Von Frankreich aus möge sich Gottes Gnade über die ganze Welt ergießen; was menschliche Klugheit auf der Versailler Konferenz begonnen, möge göttliche Liebe veredeln und vollenden."

Welch eine Anmaßung und Verdrehung der Tatsachen läßt dieser Papst erkennen, wie unterstreicht er wiederum den tausendjährigen Kampf Roms gegen das deutsche Volk! Die klerikale „Augsburger Postzeitung" vom 30./31. Dezember 1920 sagt es deutlich:

„Bis jetzt leben Rom und Versailles in äußerem Frieden. Das Vertrauen auf einen Protest des Papstes gegen die scheußlichste Mißgeburt der Geschichte war eine leere Hoffnung." (MA 94).

Waren die europäischen Völker 1914 „frohen Mutes" in den Kampf gezogen nach 40jährigem Frieden, den die Mittelmacht Deutschland durchgesetzt hatte, so erschraken sie über die Folgen, die seit Jahrzehnten zielstrebig festgelegt waren. Die *Wilson'schen vierzehn Punkte* mußten als *Lockmittel* herhalten, um die Revolutionen von 1917 und 1918 „planmäßig" zu erreichen.

Was gestern noch hochgeachtet und verehrt wurde, sollte am nächsten Tag vergessen und durch hochtrabende Worte wie Volksstaat

---

* Der „Youngplan" löst 1930 den Daves-Plan ab und legt die Reparationszahlungen fest: im ersten Jahr 1641,6 Mio. RM, die bis 1965/66 auf 2352,7 Mio. RM ansteigen und bis 1988 auf 897,8 Mio. RM absinken.

und Weltfrieden ersetzt werden. Ein jeder mag dafür seine Auslegung mit Begründung gehabt haben, nur verstand außer den Freimaurern keiner, warum es so gemacht wurde. Fest steht, daß ein „Wilson-Friede" jeden Unterschied zwischen Siegern und Besiegten verwischt und auch das Kampfergebnis auf den Kopf gestellt hätte, weil der wirkliche Gewinner das Deutsche Reich als übernationales Imperium gewesen wäre.

Auch der Verlust von Elsaß-Lothringen oder dem Korridor hätte nichts daran geändert, daß auch die deutschen Gebiete *nebst den deutschen Bevölkerungen des zerschlagenen Habsburgerreiches an Deutschland gefallen wären.* Das Reich als Nationalstaat hätte aber gleichzeitig in Europa eine Vormachtstellung eingenommen, die keiner unserer ehemaligen und heutigen Feinde mitaufbauen wollte. Um dies klarer in seiner großen Bedeutung auszudrücken, muß man das Kaiserliche Reich, den Hohenzollernstaat als Staat unter mehreren gleichstarken europäischen Mächten verstehen. Eine *deutsche Nation* aber ist nichts anderes als die *menschenreichste* und stärkste Nation *unter den europäischen Staaten,* die unweigerlich dem ganzen Europa ihren Stempel aufgedrückt hätte und in Zukunft aufdrücken wird.

Diese Gedankengänge sind auch in heutiger Zeit durchzudenken, weil sich bei Schaffung einer deutschen Nation daran nichts bis auf den heutigen Tag oder die nächsten hundert und mehr Jahre ändern wird, so lange die Deutschen in Zahl und Güte die dynamische und schöpferische Mitte Europas sind. Es ist halt das Problem der Briten, „The balance of Power" auch ins 21. Jahrhundert hinüberzuretten, ein längst überholtes und anmaßendes Problem, das allein vom deutschen Volk gelöst wird, wenn es sich wiedergefunden hat und als Mittelmacht Europas handeln kann.

Die oftmals vorgetäuschte Furcht der westeuropäischen Staaten Frankreich und England mag z. T. auf bösem Gewissen beruhen im Hinblick auf 21 französische Überfälle auf deutsches Gebiet (s. Anmerkung Nr. 2) und andererseits auf die angemaßte Rolle der Briten als Europa-Polizisten. Armes Britannien! Nachdem der unnötige Krieg über Polen so vortrefflich angefacht worden war, ging es auf Verschulden Englands und der USA mit Europa bergab.

Den Krieg hat nicht Deutschland erklärt! Ohne jeden Grund aber geschah dies von London und Paris aus am 3. September 1939. Zum Schluß hatten dem Deutschen Reich 52 Staaten den Krieg erklärt, Staaten, mit denen das Reich nur gute Beziehungen hatte. Aber der internationale Druck jener Mächte, die die Vernichtung Deutschlands betrieben, hatte diese Staaten dazu gezwungen, wie z. B. Frankreich auch. Selbst Frankreich konnte keine Forderungen an Deutschland stellen, weil Hitler die bestehenden Grenzen bereits seit 1933 als endgültig erklärt hatte.

In grenzenlosem Haß und in nicht zu überbietender Vernichtungswut wurde das Herzstück Europas zu einem Trümmer- und Ruinenfeld umgewandelt und über zehn Millionen friedliebende Deutsche umgebracht – für nichts! Denn jene Großmächte, die zur Zeit die Welt regieren, haben trotz allem Einsatz, fast aller Völker der Welt, das deutsche Volk nicht vernichten können. Die Siegermächte haben inzwischen eingesehen, daß sie ihre Ziele nicht erreicht haben und alle Fanfarenklänge mit Brüderlichkeit, Gleichheit, Freiheit, ja selbst über die Demokratie, in der das Volk herrschen soll, dumme Propagandaparolen sind, denen alle Naturgesetze widersprechen. Nicht die Masse eines Volkes kann einen Staat zum Wohle der Bevölkerung regieren, sondern stets nur die Elite.

Nur ein Volk mit Elite kann auch einen Staat aufbauen. Daher können wir den Sinn und das Vorhaben jener „Großmächte" klar erkennen, wenn wir den Absatz im Protokoll von 1905 nachlesen:

„Und sind wir einmal in einigen großen, für die Weltwirtschaft, für die Getreide- und Rohstoffversorgung sowie für den Transport wichtigen Ländern Herren der Lage, rotten wir zuerst die Intelligenz aus und schüchtern die Massen, die wir von Tyrannen befreien, selber durch Terror ein, bis sie das gefügige und zuverlässige Werkzeug unseres Willens sind . . ."

Weil das deutsche Volk aber Jahrtausende hindurch eine unerreichte Elite besaß, die sich sogar aus allen Schichten erneuern konnte, war es in der Lage, wie nach 1648 auch nach 1919 und 1945 wiederzuerstehen, ja zur zweitgrößten Wirtschaftsmacht zu werden. Auch als besetztes, in drei Staaten zerrissenes Land stellt es einen Machtfaktor dar, ohne den weder die Sowjetunion noch die Vereinigten Staaten von Amerika leben können, d. h. in ihre politischen Planungen einbeziehen müssen. Wie Britannien eine Mittelmacht wurde und im Schlepptau der USA segeln muß, so werden wir in den nächsten Jahrzehnten erleben, daß die beiden Großmächte SU und USA ihre heutige Macht einbüßen. Rußland als solches wird immer bestehen bleiben. Lediglich werden die einzelnen Völker ihre nationale Eigenständigkeit wiedererlangen. Die Vereinigten Staaten werden von den „Großmächten" ins Unglück geführt werden und ihre Weltmacht einbüßen, die sie nie verdauen konnten. Dieses Jahrhundert gab dafür genügend Beispiele.

Wir befinden uns mit dem Wassermannzeitalter in einem Umbruch, der nicht nur die Religionen, sondern auch sogenannte Weltmächte abbaut. Alles, was sich auf Naturgesetzen aufbaut hat Bestand. So wird auch jedes Volk, das diesen Namen verdient, seine Elite heranbilden und einen artgemäßen Staat bilden. Wenn auch die Macht eines Staates immer den Ausschlag gibt gegenüber seinen Nachbarn und Konkurrenten, sind jene Zeiten mit „The balance of Power" und Weltherrschaft vorbei.

Die heutige Planung mit EG, NATO und Binnenmarkt ist jedenfalls das Dümmste, was ein europäischer Staatsmann verfolgen kann. Schließlich muß man wissen, daß jene „Großmächte" schon über Versailles, Völkerbund, Reparationen, bedingungslose Kapitulation, den Vertreibungen aus den deutschen Ostgebieten, der Abtrennung der deutschen Ostgebiete als sog. Gebiete unter polnischer und sowjetischer Verwaltung, der pausenlosen Hetze gegen alles Deutsche in den Fernsehkanälen unserer „Freunde" in USA, England, Frankreich usw. lediglich die Vernichtung des deutschen Volkes herbeiführen wollen. Der dritte Weltkrieg begann bereits mit der Abschlachtung von 4,7 Mio. Deutschen nach dem 8. Mai 1945 und wird fortgeführt mit der Einschleusung von Asiaten, Orientalen, Afrikanern und anderen in die deutschen Staaten. Damit soll die Zersetzung des deutschen Volkes gelingen, damit soll es ausgelöscht werden. All die aufgeführten Maßnahmen der „Großmächte" verstoßen gegen die Naturgesetze. Aus diesem Grund allein wird das Teufelswerk nicht gelingen. Der Kosmos läßt dies nicht zu, weil er eine stammesgeschichtliche Fortentwicklung auf sein Panier geschrieben hat.

Schlägt man einen Atlas von Europa auf, hält man sich die Bevölke-
rungsverteilung und -zahl vor Augen, so kommt ein jeder zu dem
Schluß, daß ohne einen deutschen Staat, der als Nation alle Deutschen vereint, der Bestand und Frieden Europas nicht gewährleistet
ist. Besteht dieser Staat, der nie ein Angreifer war – das ergibt ein
Rückblick auf die Geschichte –, so war er stets die alle Wellen
glättende Ordnungsmacht auf dem europäischen Kontinent, der
selbst kleinen Nachbarn nicht nach dem Leben trachtete. Ein deutscher, Gottfried Herder, mußte es sein, der die Nationalismen der
Kleinen aufgepeitscht hat. Für jene unverbesserlichen Streithähne, die
unbedingt andere Völker beherrschen müssen und Ländereien
erobern wollen, ist freilich heute kein Platz mehr zwischen Moskau
und Washington.

Diese Erkenntnis besitzen bisher nur wenige international Handelnde. Europäer in Stellungen von Ministerpräsidenten, Ministern
und Diplomaten können diese Gedanken nur als höchste Gefahr
betrachten und bekämpfen, weil ihr Auftrag anders lautet. So wird
sich das deutsche Volk mit seinem Auftrag selbst durchsetzen müssen. Das kann es freilich nicht allein, und das will es auch nicht um zu
herrschen, sondern um Europa und seine Bevölkerung miteinander
zum Frieden zu rufen und gleichzeitig als Wirtschafts- und Friedens-
macht aufzurichten. Die Entwicklung dazu ist schon im Kommen.
Wie wir feststellen konnten, gibt es keine Sieger von 1945, sondern
nur Verlierer, die an ihren Sorgen zugrunde gehen oder mit dem
deutschen Volk eine andere Politik versuchen müssen.

Wenn man sich diese Möglichkeiten klarmacht und durchdenkt,
erkennt man erst den politischen Wahnsinn, dem unsere Politiker von
Weizsäcker über Kohl, Vogel, Graf Lambsdorff, Genscher, Geißler
bis zu Süßmuth und dem großen Blüm frönen. Auf diese Garnitur
kann das deutsche Volk nicht bauen, ohne ausgelöscht zu werden.
Überall sind die eindeutigen Handlungen und Maßnahmen dieser
Politiker zu erkennen, wie sie stets den Weg wählen und beschließen,
der zum Exodus unseres Volkes führt.

Vom Völkerbund über die UNO, die NATO mit allen Nebenabtei-
lungen wird die restlose Vernichtung der Deutschen verfolgt. Unsere
Regierungen lassen auch noch alle Unkosten für die Erstellung von

Friedhof, Grube und Sarg des deutschen Michel von diesem selbst erarbeiten! So sind die Siegermächte – ohne Sieg und Macht – nicht zu unnötigen Ausgaben gezwungen!

Diese „Mächte" ziehen dann bei jeder Gelegenheit, wie zu Ende vergangenen Jahres zur „Kristallnacht", einen Propagandaboom in aller Welt auf, um die Schuld der Deutschen bei allen Völkern in Erinnerung zu bringen, die anders aussieht, als das raffiniert gesponnene Lügengewebe. Was wird alles in Beherrschung der gesamten öffentlichen Meinung frech behauptet, obwohl jeder Beweis dafür fehlt und auch nicht zu erbringen ist. Doch jede Regierung der drei deutschen Staaten tut so, als sei er längst erbracht. Die Systemparteien leben überall in der Gnade der mitbesiegten Sieger, wenn sie ihr eigenes Land totlügen.

Jeder Bundeskanzler spricht nur von der Alleinschuld des Reiches. Einer schrieb ein Buch: „Deutsche und andere Verbrecher". Ein Bundespräsident spricht nur von der bedingungslosen Kapitulation: „Der 8. Mai war ein Tag der Befreiung", oder trug er doch noch ein Koppel? Für seinen eigenen Vater war dieser Tag übrigens nicht befreiend. Wie wenig Herr von Weizsäcker für ein solches Amt geeignet ist, zeigte sich bei einem Staatsbesuch in den Niederlanden. Trotzdem eine Hilfsgemeinschaft für die letzten Kriegsverurteilten telegrafisch eintrat und um ein gutes Wort für die beiden Greise bat, sagte er beim Besuche vor der versammelten niederländischen Presse lt. FRANKFURTER RUNDSCHAU v. 3. Juni 1985, daß „Bonn nicht mehr auf die Freilassung der ‚Zwei von Breda' dringen" werde. Dieser Bundespräsident, ehemals Reserveoffizier in einem stolzen Regiment, bedankte sich in London bei seinem Staatsbesuch dafür, daß England Deutschland 1939 den Krieg erklärt hat (!). Seine antideutsche Haltung ließ ihn auch erneut am 23. Mai 1989 wieder Bundespräsident werden. Ehre wem Ehre gebührt. Dies geschieht einem Staat gegenüber, der seit Jahrhunderten eine Piratenrolle in der Welt spielt! Man kommt immer mehr zu der Feststellung, daß Bonn und die Bundesrepublik Deutschland, die dazu noch einen falschen Namen führt, letzten Endes doch nur ein Provisorium darstellt. Sonst müßte sie „Bundesrepublik *West*-Deutschland" heißen und von Persönlichkeiten repräsentiert werden.

Haben wir in irgendeiner Prominentenrede in letzter Zeit das Wort „deutsches Volk" vernommen, von „Ostdeutschland" oder den deutschen „Ostgebieten" gehört? Nein, doch immer lauter fälscht die „Bonner Kommandowelle" die Bezeichnung „Deutschland" für die Bonner Republik um, ein Provisorium, das nur Westdeutschland umfaßt.

Das sind unsere „Volksvertreter", die „jeden Schaden vom deutschen Volke abwenden", wenn ihre Diäten wiederum erhöht sind oder eine neue Steuererleichterung beschlossen ist, einstimmig natürlich! Das ist unser „Rechtsstaat", der freiheitlichste Staat der deutschen Geschichte unter Besatzungsrecht mit vollen Brieftaschen ohne Verantwortung für Volk und Vaterland!

Sie verzichten selbstgerecht auf den deutschen Osten wie Herr v. Weizsäcker und andere und geben dies ohne Zustimmung der Heimatvertriebenen und der anderen Deutschen dem polnischen Staatspräsidenten Jaruzelski noch schriftlich.

Das Grundgesetz mit seinem „Gebot", das Urteil des Bundesverfassungsgerichtes, das ausdrücklich den Fortbestand des Deutschen Reiches bestätigt, und das Selbstbestimmungsrecht des deutschen Volkes spielen für diese Demokraten keine Rolle.

Theodor Storm sagte einmal treffend:

„Der eine fragt, was kommt danach?
Der andre fragt: ist es auch recht?
Und also unterscheidet sich
Der Freie von dem Knecht."

II. KAPITEL

Kriegserklärungen und Drohungen an das deutsche Volk

Es ist unverständlich, daß im Jahre 1989 immer noch viele Deutsche der Ansicht sein können, daß unser Reich kriegswütig seine Nachbarn überfallen hat und allein die Schuld am Zweiten Weltkrieg trägt oder leichtsinnig dem deutschen Volk diese Schuld aufgebürdet hat. Wer sich nur ein wenig mit den heute wenigstens z.T. zugänglichen Dokumenten und wissenschaftlichen Arbeiten ausländischer Historiker, ja, mittlerweile selbst einiger deutscher Historiker befaßt, dem müßten, wenn er lesen kann, die Schuppen von den Augen fallen! Einzige Ausnahmen wären die hochbezahlten Würdenträger und angemaßten Volksvertreter der BRD, die vor allem bemüht sind, den Kollegen der Siegermächte nach dem Mund zu reden ohne Rücksicht auf den Eindruck, den diese Haltung bei unseren Feinden macht.

Wer auf Schleichwegen schon vor dem „Befreiungstag", dem 8. Mai 1945, seinen Rock ausgezogen hat, wo noch viele tausend deutsche Soldaten einen verzweifelten Abwehrkampf führten und ihr Leben für Volk und Vaterland hingaben, hat auch kaum mehr Rückgrat als damals vor 45 Jahren. Er ist zumindest kein Vorbild für die deutsche Jugend, die nach Wahrheit dürstet, ein nicht mehr begreiflicher Fall für die Jungen, die das Gebaren solcher Männer aus dem In- oder Ausland werten.

Die Geschichte sagt klar aus, daß ein Teil des Freimaurertums seit der Gründung des Deutschen Reiches in den siebziger Jahren des vorigen Jahrhunderts nichts anderes als die Vernichtung des Deutschen Reiches plante. Das gilt nicht für die ganze Freimaurerei, doch für ihre Großen im Westen wie im zaristischen Rußland, das sie auch auf dem Gewissen haben. Da kann das Bundespräsidialamt eines westdeutschen Provisoriums tausendmal in Briefen an Bundesbürger schreiben, um am Ende nur sich selbst und die höchste Persönlichkeit im Staate unglaubwürdig zu machen:

BUNDESPRÄSIDIALAMT   Kaiser-Friedrich-Straße 10
                            5300 BONN 1, den 16. Juni 1981
                            Telefon: (0228) 200318
Az.: II/1-6630-1596/80   (oder über Vermittlung 2001)
                            Telex: adbpn d 086383

Sehr geehrter Herr

der Herr Bundespräsident hat mich gebeten, Ihnen für Ihr Schreiben vom 12. 6. 1981 zu danken und auch Ihnen gegenüber zu sagen, was die Wahrheit ist, auch wenn dies manche Deutsche nicht hören wollen. Für den Zweiten Weltkrieg gibt es nur einen einzigen Verantwortlichen: Hitler. Ob er nun mit dem Überfall auf Polen den Krieg gegen Frankreich und England wollte oder ob er ihn nur in Kauf genommen hat, spielt weder vor dem Staatsanwalt noch vor der Geschichte eine Rolle. Im Strafrecht, wo man dieses Verhalten dolus eventualis nennt, zählt man dieses Tun zum Vorsatz. Auch ob andere Momente Hitler die Arbeit erleichtert haben, spielt keine Rolle. Denn ohne Hitler, ohne diesen Mann, wäre der Zweite Weltkrieg, das namenlose Unheil, das dieser Krieg über die Menschheit, auch über uns Deutsche, gebracht hat, nicht geschehen.

Die Akten, die darüber publiziert wurden und die Aussagen von Beteiligten, sind so klar, daß kein ernstzunehmender Historiker daran zweifeln kann.

Mit freundlichen Grüßen

Dr. Heinrich Seemann

Um das Gegenteil zu beweisen und die Sachlage darzustellen, in der das Reich unter dem an Anglophilie leidenden Hitler seine Entscheidungen zu treffen hatte, will der Verfasser ein paar Zitate zusammenstellen. Sie zeigen nur Handlungen der ganz anderen Seite, die für den Zweiten Weltkrieg von Wichtigkeit ist und größte Bedeutung hat.

Schon Jahrzehnte vor 1914 versuchen diese Kräfte aus Neid und unauslöschlichem Haß alles Deutsche zu vernichten. Die folgende Aufstellung ist nur ein kleiner Ausschnitt aus dem finsteren Treiben dieser unangreifbar getarnten Mächte gegen ein friedliebendes, arbeitsames Volk. Der Verfasser hätte noch weit mehr Material, um die Kriegstreiber beider Weltkriege festzunageln. Dies allein stellt schon den Beweis dafür dar, daß Hitler nicht der allein Verantwortliche für den Zweiten Weltkrieg war. Einstige Gefreite sind höchst selten kriegslüstern!

Das Genie Hitlers ist anerkannt und seinerzeit im Ausland von hohen Persönlichkeiten immer wieder bewundert worden. Es waren nicht nur beschränkte deutsche Volksangehörige, die in Hitler ihr Idol und ihren Retter sahen und ihm bedingungslos Gefolgschaft schworen. Gerade deshalb, weil ihm das deutsche Volk mit Ausnahme weniger Prozente vertraute, konnte er diese Treue nicht mit einem leichtsinnigen Kriegsbeginn vergelten. In seiner Vorliebe für England, für die er mehrfach ganz sachliche Gründe geäußert hat, in seiner Abwehr gegen den immer größer gewordenen Einfluß von Juden und *allen* Freimaurern ist er sicher nicht immer den rechten Weg gegangen. Das hat nur die Hetze unserer Widersacher leichter gemacht. Aber der Erste Weltkrieg war ganz *ohne* Hitler, ganz *ohne* Antisemitismus ebenso über uns gekommen wie der Zweite. Zufall?

Hitler hätte nie einen Krieg begonnen, schon gar nicht 1939, als erst ganze zehn Divisionen modern aufgestellt sind, alle anderen zu keinem ernsten Einsatz befähigt waren, weil es überall an der erforderlichen modernen Bewaffnung mangelte. Einzig und allein das grausame Verhalten der Polen gegenüber der deutschen Minderheit ließ den Faden reißen, leider. Immerhin waren im Sommer 1939 zehntausende deutscher Flüchtlinge über die grüne Grenze ins Reich geflohen und die Zurückgebliebenen erfuhren den Tod, Todesmärsche und grausame Abschlachtungen. Dies kann sich kein Staat bieten lassen, auch ein Hitler nicht, der das Volk aus den Ketten von Versailles und St. Germain befreien wollte.

Gerade eine internationale Kapazität wie Liddell Hart, der die Rüstungsschwächen des Deutschen Reiches als Fachmann beurteilen konnte, war über die Leistungen der Großdeutschen Wehrmacht um so erstaunter. Er wußte, daß alle Waffen vom Maschinengewehr 34 an veraltet waren, daß es keinen schweren deutschen Panzer gab und kein Flugzeug für den Bombeneinsatz gegen England. Unsere Feinde verfügten über solche Waffen. Ich erinnere nur an den T 34, einen schweren Panzer der UdSSR, der von keiner deutschen Panzerabwehrkanone abgeschossen werden konnte. Unsere Panzer-Abwehr-Kanone 3,7 cm bekam doch sinnigerweise von unseren Landsern die Bezeichnung „Panzeranklopfgerät"! Erst ab 1942 konnte die Bewaffnung der Truppe modernisiert werden. Dies sollte sich jeder klarmachen, bevor er Äußerungen der Art von sich gibt wie das Bundespräsidialamt, auch schon in früherer Zeit von Herrn v. Weizsäcker unter Prof. Carstens, dem nur wenige Pflichterfüllung gegen Deutschland zutrauen möchten. Der Verfasser zählt zu dieser Mehrheit.

Überfliegen Sie bitte die folgende Zusammenstellung nicht! Vergegenwärtigen Sie sich immer dazu das politische Zeitgeschehen der jeweiligen Zeit; d. h. die lange über 40 Jahre während Friedenszeit des Deutschen Reiches, das seine eigene Wirtschaft aufbaute und keine Kriegsabsichten kannte.

1875 erklärte der „Grand Orient" die Vernichtung des deutschen Volkes! Auf der Feindseite waren von jüdischen Freimaurern dann 1914 beteiligt: Poincaré (polnischer Name Viereckel), Lloyd George (David Levi), Paléologue (Braun), Roosevelt (Rosenfeld), Venielos (Ben Israel), Mandel, House, Taft usw.

1888 verkündete die große Landesloge von Frankreich:

„Da der Kaiser sich nicht einweihen lassen will, werden sie – die deutschen Brüder – das deutsche Volk einweihen, und wenn die kaiserliche Regierung die Freimaurerei verfolgt, werden diese die Republik in Deutschland aufrichten."

1889 wurde in Paris auf dem großen Freimaurerkongreß die folgende Erklärung angenommen:

„Die soziale Revolution ist es, welche unseren gemeinsamen Feind zu Fall bringen wird, wie sie alle Tyrannen Europas und der ganzen Welt untergräbt, ganz wie Heinrich Heine mit Prophetenblick schon 1835 voraussagte: ihr werdet in naher Zukunft bei unseren Nachbarn – den Deutschen – Zeuge eines Zusammenbruchs sein, dem gegenüber unsere Revolution von 1789 ein Kinderspiel war."

1896 am 1. September war in der SATURDAY REVIEW von „Bruder" Sir P. Mitchell ganz offen zu lesen:

„... Einer von beiden muß das Feld räumen. Macht Euch fertig zum Kampf mit Deutschland, denn Deutschland muß zerstört werden."

1897 Papst Leo XIII. hat auf Veranlassung des Hochgradfreimaurers Eduard VII. von England, dem Onkel Kaiser Wilhelm II., das Bündnis zwischen Frankreich und Rußland zustande gebracht als Folge des Rückversicherungsvertrages Bismarcks mit Rußland vom Jahre 1887 und zur Vorbereitung des 1889/ 1890 geplanten Ersten Weltkrieges! Wohl nicht zufällig fand im gleichen Jahr 1897 der erste zionistische Weltkongreß in Basel statt.

1900 am 13. August verkündet Theodor Herzl, der Begründer des politischen Zionismus:

„Mit England können wir sicher sein, daß die zionistische Idee mächtiger und höher steigen wird denn je."

1913 stellte die internationale Bankenallianz nüchtern fest:

„Die Stunde hat geschlagen für die Hochfinanz, öffentlich ihre Gesetze für die Welt zu diktieren, wie sie es bisher im Verborgenen tat. – Die Hochfinanz ist berufen, die Nachfolge der Kaiserreiche und Königtümer anzutreten, mit einer Autorität, die sich nicht nur über *ein* Land, sondern über den ganzen Erdball erstreckt ... DER EUROPÄISCHE KRIEG KOMMT, UNSERE HOCHFINANZ WILL ES!"

1920 im Juni sagt der US-Propagandachef des Ersten Weltkrieges, Georg Creel:

„Es ist noch eine große Arbeit zu leisten unter der deutschen Bevölkerung, um die letzte Spur vom Deutschtum wegzubrennen."

1932 erklärt der Präsident der Jüdischen Weltliga, Bernart Lecache:

„Deutschland ist unser Staatsfeind Nr. 1. Es ist unsere Sache, Deutschland erbarmungslos den Krieg zu erklären."

Das sagte Monsieur Lecache *vor* Hitler. Ob er wohl damit der Weimarer Republik einen Dienst leistete? Auch hier erkennt man, daß nicht Kaiser Wilhelm oder Hitler das Angriffsziel sind, sondern allein das deutsche Volk.

1933 am 24. März vom DAILY EXPRESS / London veröffentlicht:

„Das israelische Volk der ganzen Welt erklärt Deutschland wirtschaftlich und finanziell den Krieg. Das Auftreten des Hakenkreuzes als Symbol des neuen Deutschlands hat das alte Streitsymbol Judas zu neuem Leben erweckt.
Vierzehn Millionen Juden stehen wie ein Mann zusammen, um Deutschland den Krieg zu erklären. Der jüdische Großhändler wird sein Haus verlassen, der Bankier seine Börse, der Kaufmann sein Geschäft und der Bettler seine Elendshütte, um sich in einem heiligen Krieg gegen die Leute Hitlers zusammenzuschließen!"

1933 im Juni äußert Henry Morgenthau jr.:

„Deutschland muß in eine Wüste wie nach dem Dreißigjährigen Krieg verwandelt werden."

1933 am 6. August bringt die Zeitung WORLD JEWISH ECONOMIC:

„Wir rufen zum Heiligen Krieg gegen Deutschland auf!"

1933 wird in Moskau am 20. Dezember in einem Geheimvertrag die Teilung Europas in eine sowjetische und eine amerikanische Hälfte beschlossen, unterzeichnet von Litwinow und Henry Morgenthau und später in Jalta bestätigt. Somit ist die deutschdeutsche Grenze eine Grenze zwischen den Vereinigten Staaten und der Sowjetunion!

1934 im Januar bekennt Vladimir Jabotinsky, der Begründer der Terroristengruppe Irgun Zwai Leumi:

„Unsere jüdischen Interessen erfordern die endgültige Vernichtung Deutschlands. Das deutsche Volk samt und sonders ist eine Gefahr für uns. Deshalb ist unmöglich zuzulassen, daß Deutschland unter der gegenwärtigen Regierung mächtig wird."

1934 sagt Emil Ludwig (Cohn):

„Hitler will nicht den Krieg, aber er wird dazu gezwungen werden."

Das Wort fiel vor dem Erlaß der Nürnberger Gesetze.

1934 schreibt die russische Zeitung „Nascha Retsch" am 1. Dezember:

„Der Kampf gegen Deutschland wird von sämtlichen jüdischen Gemeinden, Tagungen, Kongressen, von jedem einzelnen Juden geführt. Unsere jüdischen Interessen verlangen, daß Deutschland endgültig vernichtet wird. Die Gefahr für uns Juden liegt im ganzen deutschen Volk, in Deutschland als Ganzem. Unschädlich muß es gemacht werden für alle Zeiten . . ."

1935 am 27. Juli schreibt THE JEWISH DAILY BULLETIN:

„Es gibt nur eine Macht, die zählt, das ist die Macht des politischen Druckes. Wir Juden sind die mächtigste Nation der Welt, weil wir die Macht besitzen und anzuwenden verstehen."

1936 am 16. 4. schreibt The Joungstown Jewish TIMES, Ohio: „USA wissen schon, daß es nach dem nächsten Krieg kein Deutschland mehr geben wird."

1937 im Juni sagt der Jude Churchill in Anwesenheit von Parteiführer Attlee (Labour Party) und Sinclair (Liberal Party) dem Zionistenführer Chaim Weizmann:

„Sie wissen, daß Sie über uns verfügen können . . . und was Sie sagen, gilt. Wenn Sie von uns verlangen, daß wir kämpfen, dann werden wir kämpfen wie die Tiger."

1938 bringt am 3. Juli die jüdische Zeitschrift THE AMERICAN HEBREW einen langen Artikel „WIRD ELI-ELI ÜBER HORST WESSEL SIEGEN?":

„. . . Diese drei Söhne Israels (Léon Blum, Premier in Frankreich, Maksim Litwinow, Außenminister in der SU, Hore-Belisha, Kriegsminister in England) werden sich vereinen, um den tollen Nazidiktator zum Teufel zu schicken. Er wird nicht gerade sehr sanft in die Grube hinabgelassen werden. Dann werden die Juden Halleluja singen, der Allmächtige hat die gemeinen Nazis zu ewigen Qualen verdammt. Europa wird zur Vernichtung gesandt werden . . ."

1938 schreibt am 18. Dezember Bernart Lecache in LE DROIT VIVRE:

„Es ist unsere Sache, diese Nation (Deutschland – d. Verf.) zu vierteilen und endlich einen Krieg ohne Gnade zu erwirken."

1939 am 29. August – fünf Tage vor der englischen Kriegserklärung an das deutsche Reich! – sandte der damalige Zionistenführer Chaim Weizmann eine offizielle Beistandserklärung an England, die auf dem 25. Zionisten-Kongreß in Genf beschlossen war:

„Ich wünsche in nachdrücklichster Form die Erklärung abzugeben, daß wir Juden an der Seite Großbritanniens stehen und für die Demokratie kämpfen werden. Aus diesem Grunde stellen wir uns in den kleinsten und größten Dingen unter die zusammenfassende Leitung der britischen Regierung. Die jüdische Vertretung ist bereit, in sofortige Abkommen einzutreten, um alle menschlich-jüdische Kraft, ihre Technik, ihre Hilfsmittel und alle Fähigkeiten nützlich einzusetzen."

1939 konnte der „Daily Herald" daher rechtzeitig mit seiner Ausgabe Nr. 7450/39 triumphieren:

„Die Juden in ihrer Gesamtheit betrachten diesen Krieg als einen heiligen Krieg!" (Sch68)

Zur weiteren Beweisführung für die unverantwortliche polnische Hetze zum Krieg, der der Zweite Weltkrieg wurde, sind auch folgende Tatsachen zu beachten:

20. 3. 39 Bündnisangebot von Lord Halifax an die UdSSR und Polen gegen Deutschland in Documents on British Foreign Policy III Bd. 4 Nr. 446.

23. 3. 39 Teilmobilmachung der poln. Armee mit Herausgabe des Aufmarschplanes an die Befehlshaber der Streitkräfte, einschl. eingeplanter Marsch nach Berlin.

25. 3. 39 Kennard, brit. Botschafter in Polen meldet an Halifax, daß 750 000 bereits unter Waffen stehen – 162 Tage vor Kriegsbeginn. Ausländische Diplomaten glauben, daß Polen einen Krieg provozieren will. In Documents on British Foreign Policy III Bd. 4 Nr. 518 und 523 heißt es, daß Hoffnung bestünde, Deutschland in diesem kommenden Krieg zum Aggressor zu stempeln.

26. 3. 39 Aufruf zur freiwilligen Zeichnung einer poln. Regierungsanleihe zur Anschaffung von 1000 zusätzlichen Kampfflugzeugen. Biddle, der US-Botschafter in Polen, telegraphiert FDR: „Polen heute auf Kriegsfuß. Hat dieses rasch und ohne Aufhebens erreicht." (Foreign Relations of the United States 1939 I, 101)

31. 3. 39 „Blank-Scheck" der brit. Regierung für Polen (Hansard's Parliamentary Debates Commone March 31 1939) Halifax

teilt der poln. Regierung zur Erläuterung mit, daß sein Versprechen nicht nur auf unprovozierte Aggression beschränkt sei. Er wünsche auch nicht, daß Großbritannien neutral bleibe, wenn Deutschland durch Polen zu Krieg gezwungen würde (Documents on British Foreign Policy III Bd. 4 Nr. 577 und 584).

5. 5. 39 Anläßlich der Hetzrede des poln. Außenministers Beck wurden mehr als dreitausend Deutsche ermordet.

7. 8. 39 Der ILLUSTROWANY KURJER behauptet, poln. Einheiten überschritten fortgesetzt die deutsche Grenze, um militärische Anlagen zu zerstören. Die poln. Zensur hat diesen Artikel nicht löschen lassen.

14. 8. 39 Beginn der Massenverhaftungen von Deutschen in Ost-Oberschlesien.

25. 8. 39 Oberst Beck versichert dem US-Botschafter Biddle, daß der Krieg zwischen Polen und Deutschland unvermeidbar sei.

29. 8. 39 Botschafter Kennard telegraphiert an Halifax, daß die poln. Regierung die Generalmobilmachung beschlossen hat.

31. 8. 39 Kennard versichert Halifax, daß Beck nichts unternimmt, um eine Verständigung mit Deutschland zu erreichen (Doc. on Brit. Foreign Policy III Bd. 7 Nr. 576) (H. R.)

1939 am 3. September erklärte Winston Churchill im engl. Rundfunk:

„Dieser Krieg ist ein englischer Krieg und sein Ziel ist die Vernichtung Deutschlands."

1939 am 3. September nach der Kriegserklärung an das Reich erklärte der britische Premierminister Neville Chamberlain dem US-Botschafter in London, Joseph Kennedy:

„Die Amerikaner und das Weltjudentum haben mich in den Krieg getrieben." („The Americans and the world jews have forced me into the war!")

1939 am 13. September schreibt das CENTRALBLAD VOOR ISRAELIETEN IN NEDERLAND:

„Millionen von Juden in Amerika, England, Frankreich, Afrika,

Palästina sind entschlossen, den Ausrottungskrieg gegen Deutschland zu tragen bis zur totalen Vernichtung."

1940 am 26. Februar bringt TORONTO EVENING TELEGRAM von Mr. Maurice Perlzweig, dem Führer der britischen Abteilung des jüdischen Weltkongresses, aus einer Rede aus Canada:

„Der jüdische Weltkongreß befindet sich seit sieben Jahren ununterbrochen im Krieg mit Deutschland ..."

1940 am 25. April ergänzt Duff Cooper die Erklärung des Juden Winston Churchill:

„Dieser Krieg ist ein englischer Krieg, und sein Ziel ist die Vernichtung Deutschlands" mit dem Zusatz: „Der kommende Friedensvertrag muß weit härter und mitleidloser werden als Versailles. Wir dürfen keinen Unterschied machen zwischen Hitler und dem deutschen Volk!"

1940 am 8. Mai bringt Jewish Chronicle/London:

„Wir sind mit Hitler im Kriege vom ersten Tag seiner Machtergreifung an."

1940 im Juni schreibt der Rabbiner Dr. Stewphan S. Wise:

„Dieser Krieg ist unser Geschäft!"

1941 im August folgen die Moskauer jüdischen Kriegserklärungen. Wie Weizmann nicht als Engländer, sondern als Jude das Weltjudentum zum Kampf aufrief, hetzten die Sowjetjuden nicht als Russen die Juden der ganzen Welt gegen Deutschland auf. Sofort ins Englische übersetzt, werden sie im November massenhaft in der westlichen Welt verbreitet:

„Nach leidenschaftlichen Reden ... wurde ein mitreißender Appell an die Juden der ganzen Welt angenommen, der sie zum Aufstand gegen die faschistischen Mörder aufruft, die die Städte und Dörfer Europas (!) im Blute ihrer Bevölkerung ertränkten ..."
„Es kann keinen Zweifel darüber geben, daß der Appell der jüdischen Konferenz in Moskau die Gefühle und Hoffnungen der Juden der ganzen Welt zum Ausdruck bringt."

Die „Jewish Agency for Palestine" übernimmt die sowjetjüdische Aufforderung zum Kampf gegen Deutschland:

„Euer Appell an das Weltjudentum, sich gegen Hitler zu verteidigen und gegen alles, was zu ihm gehört, hat uns erreicht, und wir stimmen ihm von ganzem Herzen zu . . . Wir sind stolz auf den Kampf, den Ihr in den Sowjetarmeen begonnen habt, deren Leistungen universale Bewunderungen verdienen und den Glauben an den Sieg verstärkt haben . . . In Palästina spielt die jüdische Gemeinschaft, die nunmehr 500 000 Angehörige umfaßt, ihre Rolle in diesem Kampfe. Zehntausend Juden sind den jüdischen Einheiten in der britischen Luftwaffe und Flotte . . . Zehntausende suchen in anderen Ländern eine Gelegenheit, in einer jüdischen Armee dienen zu können, auf daß wir als Volk unseren Platz im Krieg für die gemeinsame Sache einnehmen können" (Sch70).

Durch die Hetze haben Juden an allen Fronten gegen Deutschland gekämpft: 1 410 000* Juden kämpften gegen das Reich, darunter Generale und Brigadiere. Kriegsauszeichnungen erhielten 30 000 amerikanische und 63 000 sowjetische Juden. Den Orden „Held der Sowjetunion" erhielten 101 sowjetische Juden.

Das gibt dem Deutschen Reich das Recht, die Juden der Welt in ihrem Machtbereich als Kriegsfeinde zu betrachten und zu behandeln, also auch zu internieren. Seit 1933 handelte es sich um eine jüdische Kriegshetze im Westen und seit 1941 auch im Osten. Erst ab 5. September 1941 mußte der Judenstern auf Wunsch des Admirals Canaris gegen den Willen des Ministers Goebbels getragen werden. „Ein Gesetz befahl den Juden ab sechs Jahren das Tragen des gelben Sternes und verbot ihnen das Verlassen ihres Wohnortes ohne schriftliche Erlaubnis der Ortspolizeibehörde. Die Juden wurden unter Hinweis auf die Erklärung Chaim Weizmanns als Gefangene behandelt (K266). Das Reich kam damit dem Wunsch der Schweiz nach, zur besseren Kenntlichmachung der Juden in die Pässe ein „J" einzustempeln.

1943 schreibt Harvard-Prof. Earnest A. Hooton im PM MAGAZIN vom 4. Januar:

„Während der Besatzung muß die Einwanderung und Ansiedlung von Ausländern, insbesondere ausländischen Männern, in den deutschen Staaten gefördert werden."

---

* SÜDDEUTSCHE ALLGEMEINE vom 7. Mai 1965

1944 am 27. Oktober wird die Resolution einer jüdischen Verbandsorganisation den Alliierten vorgelegt:

„. . . Jüdische Ansprüche auf Entschädigung müssen auf Anerkennung der Tatsache beruhen, daß die Juden einer seit 1933 mit Deutschland im Krieg befindlichen Nation angehören" (Sa27).

1945 am 27. 12. 1945 sagte Joseph KENNEDY zum US-Verteidigungsminister James FORRESTAL:

„Weder die Franzosen noch die Engländer hätten Polen zum Kriegsgrund erhoben, wenn nicht die ständige Stichelei aus Washington erfolgt wäre."

1952 am 12. Januar äußerte der Rabbiner Emanuel Rabinowitsch:

„Das Ziel, das wir während der 3000 Jahre mit so viel Ausdauer anstreben, ist endlich in unsere Reichweite gerückt. Ich kann Euch versichern, daß unsere Rasse ihren berechtigten Platz in der Welt einnehmen wird. Jeder Jude ein König, jeder Christ ein Sklave. Wir weckten antideutsche Gefühle in Amerika, welche im Zweiten Weltkrieg gipfelten. Unser Endziel ist die Entfachung des Dritten Weltkrieges. Dieser Krieg wird unseren Kampf gegen die Gojim für alle Zeiten beenden. Dann wird unsere Rasse unangefochten die Erde beherrschen."

Wenn man diese Aufstellung gelesen und durchdacht, auch mit den gleichzeitig laufenden zeitlichen Ereignissen verglichen hat, so kommt man zu der Feststellung, daß diese unverschämte, todbringende Planung und fanatische Beeinflussung aller Juden etwas Einmaliges in der Geschichte darstellt. Natürlich kommt die Frage auf, warum wird diese Hetze gegen das deutsche Volk betrieben und dazu mit solch abgrundtiefem Haß?
Es mag viele Antworten dafür geben. Aber es ist trotz der Aussage Nahum Goldmanns, daß es den Juden nie so gut wie in der Weimarer Republik gegangen wäre, typisch für die jüdische Zielsetzung zur Erreichung seit langem festgelegter Pläne, daß nach ihrer Devise „Auge um Auge, Zahn um Zahn" auch trotz der guten Behandlung, sadistische Wege gegangen werden.
Liest man den folgenden Absatz aus Goldmanns Buch „Mein Leben als deutscher Jude" (S.115ff.), so ergibt sich deutlich, daß Juden keine

Hemmungen haben, wenn ihnen ein Volk im Wege steht, das sie gut behandelt hat. Denn Nahum Goldmann schreibt:

> „Von der wirtschaftlichen Position her gesehen, konnte sich keine jüdische Minderheit in anderen Ländern, ja nicht einmal die amerikanische mit den deutschen Juden messen. Sie waren mitführend in den Großbanken, wofür es nirgends eine Parallele gab, und durch die Hochfinanz waren sie auch in die Industrie eingedrungen... Die Geschichte der Juden in Deutschland von 1870 – 1930, das ist wohl der glänzendste Aufstieg, der einem Zweig des jüdischen Volkes geglückt ist..."

Nach der jüdischen Kriegserklärung vom 24. März 1933 im DAILY EXPRESS/LONDON war Hitler aufgebracht, daß sogar die Reichsflagge und das Hoheitsabzeichen im Ausland beleidigt würden. Er war der Meinung, daß ein Zeichen zu setzen sei, weil sich das Reich das nicht bieten lassen könne. So wurde der 1. April 1933 als Anti-Boykott-Tag angesetzt, und Julius Streicher wurde mit der Durchführung beauftragt (P137). Dieser ordnete an, daß kein jüdisches Leben angegriffen werden dürfe, daß vor jedem jüdischen Besitz, das heißt vor jedem Geschäft, ein Posten stehen müsse oder mehrere, die dafür verantwortlich sind, daß keine Sachbeschädigung geschehen könne. Es steht fest, daß dieser Anti-Boykott-Tag „bis auf Nebensächlichkeiten tadellos abgelaufen" ist. Streicher sagte im Nürnberger Prozeß: „Ich glaube, daß kein Jude hier ist, der das Gegenteil erklären könnte" (Nürnberger Prozeß, Bd.12, S.34/35/2).

Dieser Tag wurde erst nach dem Krieg zum „Anti", obwohl er in Wahrheit zur Abwehr des Boykotts deutscher Waren und der Beleidigungen der Reichsflagge angesetzt war. Jeder Zeitzeuge, der den Tatbestand kennt und sachlich beurteilt, wird zugeben, daß keine deutsche Reichsregierung – zumal im März 1933 – zu einem Boykott deutscher Waren in aller Welt Anlaß gegeben hat.

Es fand auch keine darüber hinausgehende Verfolgung von Juden statt, wie viele deutsche Juden in Briefen ans Ausland aussagten und bestätigten. Alles war nur ein kleines Rädchen in der Verhetzung alles Deutschen, das da angestrengt wurde, um das deutsche Volk zu verteufeln. Nachdem der Zweite Weltkrieg, wie die Dokumente und diplomatischen Äußerungen aussagen, großenteils von Juden inszeniert war – mit Winston Churchill an der Spitze –, die jüdische

Nation mit 1,4 Millionen Soldaten an allen Fronten gegen Deutschland kämpfte, ist die Bezeichnung „Feindnation" berechtigt wie die spätere Internierung der Juden in verschiedenen Lagern.

Sollte irgendwie eine systematische Vernichtung stattgefunden haben, so wäre diese unberechtigt und verbrecherisch gewesen. Opfer wären nicht die Juden des Auslandes, sondern die des deutschen Machtbereichs gewesen. Die Bezeichnung Vernichtungslager ist da fehl am Platze, wenn es solche Lager nirgends im Großdeutschen Reich (Institut für Zeitgeschichte, München) oder außerhalb gab.

Es ist bekannt und bei den vielen ehemaligen Auschwitzinsassen nicht zu bezweifeln, daß die deutsche Reichsregierung bis Kriegsende immer wieder versuchte, in ihrem Bereich verbliebene Juden mit ihrer Habe in andere Länder abzuschieben. Doch wurde weder die Einrichtung eines Milliardenfonds zum Start in eine neue Existenz für auswandernde Juden von Chaim Weizmann genehmigt, noch nahmen andere Länder Juden aus dem deutschen Machtbereich auf. Selbst Nahum Goldmann schreibt, daß 1948 (!) noch etwa 600 000 ausreisewillige Juden auf Schiffen im Mittelmeer hin und her kreuzten, weil die Briten sie nicht an Land ließen und beschossen (G 263). Somit ergibt sich, daß die von der Feindpropaganda oft zitierte „Endlösung" mit all den dazugehörenden teuflischen Propagandaparolen der Siegermächte und vor allem der Juden, wie sie heute noch überall im Fernsehen und bei Kommentaren von Akademikern und Reden von Politikern gebracht werden, zumindest großenteils faustdicke Lügen sind. Die Wahrheit muß durch Offenlegung *aller* Dokumente *aller* Staaten ans Licht treten.

Auch der Verschluß aussagekräftiger Dokumente wie sie in London bereits bis zum Jahre 2017 festgelegt sind und in Paris, Washington und Moskau kaum früher der Weltöffentlichkeit dargeboten werden, sagt gegen die Siegermächte des Zweiten Weltkrieges aus. Sie geben damit einwandfrei zu erkennen, daß sie etwas zu verheimlichen haben, was so schwer wiegt, daß es erst nach drei Generationen, also erst den Urenkeln eingestanden werden kann. Fürchtet man sich vor dem Rechtsempfinden der eigenen Bevölkerung im Lande und einem Vertrauensschwund?

Bei all den Schauermärchen, die zielbewußt über die Jahre

1933–1936 z.B. verbreitet werden, ist es angebracht, einige jüdische Stimmen festzuhalten. Am 30. März 1933 schreibt die „C.-V. Zeitung" (Organ des Central-Vereins deutscher Staatsbürger jüdischen Glaubens):

> „In diesen Tagen ist jeder deutsche Jude verpflichtet, seine Kenntnis von den wahren Vorgängen in Deutschland, die ihm diese Zeitung vermittelt, nicht für sich zu behalten, sondern soweit er nur kann, im Freundes- und Bekanntenkreis, besonders ausländischen, weiterzugeben. In Gesprächen, Briefen, Telefonaten bitten wir, auf die Darstellung Bezug zu nehmen, die wir über eine verlogene Greuelpropaganda und über deutschfeindliche Boykottaktionen geben. Jeder, der das tut, erhöht das deutsche Ansehen."

> „Wir 565 000 deutsche Juden legen feierliche Verwahrung ein. Eine zügellose Greuelpropaganda gegen Deutschland tobt in der Welt. Durch jedes Wort, das gegen unser Vaterland gesprochen und geschrieben wird, durch jeden Boykottaufruf, der gegen Deutschland verbreitet wird, sind wir deutschen Juden genau so tief getroffen wie jeder andere Deutsche . . . Vor dem Inland und dem Ausland haben wir die Lügenmeldungen über Deutschland und die neue Regierung gebrandmarkt . . . Die deutschen Juden haben, soweit sie es vermochten, dagegen sofort das Äußerste getan, um jede Beleidigung des Heimatlandes, jede Beschimpfung der Regierung, jede Schädigung der deutschen Volkswirtschaft unmöglich zu machen . . ."

Umerzogen wird der Text heute unglaubhaft erscheinen, entspricht jedoch ganz dem damaligen Zeitgeschehen.

Am 31. März 1933 schreibt die „Jüdische Zeitung":

> „In den letzten Tagen ist die Presse Deutschlands voll gewesen von Berichten über die Greuelpropaganda gegen Deutschland und von den Abwehrmaßnahmen, die gegen diese Greuelpropaganda getroffen worden sind. An diesen Abwehrmaßnahmen haben sich alle deutschen Kreise ohne Unterschied beteiligt, in erster Reihe auch die jüdischen Organisationen und die jüdische Presse. Diesen Abwehrmaßnahmen ist es gelungen, die Greuelpropaganda zum Schweigen zu bringen und Beruhigung zu schaffen . . .
> An der Propaganda gegen Deutschland haben sich im wesentlichen nur ausländische nichtjüdische Blätter beteiligt, die diese Propaganda als Mittel für ihre gegen die deutsche Gesamtpolitik gerichteten Ziele benutzten. Zu diesem Zwecke haben sie auch über Judenverfolgungen in Deutschland Lügennachrichten verbreitet, die bis in die Einzelheiten den Nachrichten entsprachen, die in den Kriegsjahren über die Behandlung von Ausländern in Deutschland durch die von Lord Northcliffe beeinflußte Presse verbrei-

tet wurden. Die verantwortungsbewußte jüdische Presse im Ausland hat sich von dieser Lügenpropaganda völlig ferngehalten . . ."

Es gibt da viele Pressestimmen, die auch der Regierung bescheinigen, daß sie böse Dinge, die im revolutionären Anfangsstadium geschahen, offen zugegeben und umgehend abgestellt hat . . . (FAZ vom 28. März 1933). „Das Berliner Tageblatt" vom 1. April 1933 beschreibt die Lage treffend:

„Deutschland wird von einer ungeheuren Schmutzwelle umbrandet. Alle Nutznießer des Versailler Diktates, die schon den Zusammenbruch ihrer Gewaltpolitik gegen Deutschland unwillig anerkennen mußten, schöpfen neue Hoffnung. Als Antwort auf die Dokumentation des Freiheitswillens des deutschen Volkes entfachten sie die Greuelpropaganda, die nur wenig hinter den Lügenberichten in der Kriegszeit zurücksteht. Wieder wollen sie der Welt einreden, daß das deutsche Volk sich nicht selbst regieren kann, daß im Interesse der Menschlichkeit und des Weltfriedens immer ein bewaffneter Gendarm jenseits unserer Grenzen stehen müsse, um uns mit der ständigen Bedrohung brutaler Gewalt in Ordnung zu halten . . .
Wir betonen hiermit nochmals . . ., daß diese Proteste der deutschen Judenschaft ohne jeden Druck von irgendeiner Stelle verfaßt worden sind, und daß sie der Ausdruck der Empörung der deutschen Juden gegen ihre Glaubensgenossen sind, die in einer unverantwortlichen Weise das deutsche Volk zu diffamieren suchen."

Die gezielte Propaganda vom Ausland gegen Deutschland und seine Regierung lief pausenlos vom 31. Januar an bis zum März 1933, wo am 24. des Monats der Boykott in der Welt gegen deutsche Waren ausgerufen wurde! Keine Reichsregierung und kein Reichskanzler Hitler hatten zu diesem Boykott irgendeinen Anlaß gegeben! Es fand auch keine Verfolgung von Juden statt, wie soundso viele Juden in ihren Briefen aussagten. Jeder, der es besser weiß, sollte die Nase in die Presse jener Märztage stecken!
Es war also nur ein kleines Rädchen im großen seit Jahrzehnten festgelegten Operationsplan, damit die von Walther Rathenau vorausgesagten Zustände – nach zwanzig Jahren s. Seite 13 – programmgemäß eintreffen. Das deutsche Volk sollte verteufelt werden, wie sich nach dem Zweiten Weltkrieg herausgestellt hat.
Dieser Weltkrieg wurde nach den Dokumenten und diplomatischen Äußerungen und Memoiren von Juden inszeniert. Nach entfachter

Hetze in amerikanischen Landen kämpfte die jüdische Nation mit mehr als 1,4 Mio. Soldaten an allen Fronten gegen das Deutsche Reich, das ihnen nichts getan hatte. Aus diesem Grund war die Internierung der Juden als Angehörige einer Feindnation üblich (s. USA, England) und erlaubt.

Die Internierung erfolgte in verschiedenen Lagern, von denen keines ein Vernichtungslager war, wie es von einer Kommission der Alliierten 1948 in einem Bericht festgehalten war, der der österreichischen Regierung übergeben wurde. Im übrigen bestehen die Aussagen des Instituts für Zeitgeschichte in München, daß auf dem Gebiet des Deutschen Reiches, also einschließlich Österreichs, keine Vergasungen laut Dr. Martin Broszat stattgefunden haben.

Es ist bekannt und nicht bei den vielen lebenden Auschwitz-Insassen zu bestreiten, daß die Reichsregierung bis zum Kriegsende immer wieder versuchte, in ihrem Bereich verbliebene Juden mit ihrer Habe in andere Länder abzuschieben. – Doch wurden Vorschläge und Vorhaben der Reichsregierung für die Auswanderung von Juden sabotiert:

a) der Meinertzhagen-Auswanderungsplan von 1934 durch den König der Juden, Chaim Weizmann,
b) der Schacht-Plan von Chaim Weizmann,
c) die Eichmann-Joel Brand-Rettungsaktion 1944, wo es nur um 2,5 Mio. Juden ging, durch Ben Gurion. (I.G.Burg)

Es ist also nicht die Reichsregierung, die eine Auswanderung zunichte machte, sondern Führungskräfte des jüdischen Volkes. Wie unsinnig die in den Begriff „Endlösung" propagierte „Vernichtung des jüdischen Volkes" ist, kann jeder daran erkennen, daß die Reichsregierung bis zur bedingungslosen Kapitulation alle KZ-Insassen vor der Roten Armee rettete und nach dem Westen verlegte und sogar zum Teil noch per Bahn vom KL Bergen-Belsen in die Schweiz evakuierte.

Aber es fanden sich wie 1934 bei der Konferenz in Evians keine Länder, die Juden aufnehmen wollten. Schreibt doch Nahum Goldmann, daß noch 1948 ca. 600 000 (sechshundert Tausend!) Juden auf Schiffen im Mittelmeer hin und her kreuzten, weil die Schiffe nicht an Land gelassen wurden. Näherten sie sich einer Küste, so wurden sie von britischen Truppen beschossen! (G 263) Somit ergibt sich, daß die von der Feindpropaganda täglich – auch heute noch! – zitierte „Endlösung" nebst Wannsee-Konferenz mit all den dazugehörenden Propagandaparolen der Siegermächte und besonders der Zionisten, wie sie heute überall in Presse und Fernsehen verbreitet werden, faustdicke Lügen sind, denen der Garaus zu machen ist, wenn ein wirklicher Friedenszustand geschaffen werden soll, der den augenblicklichen Deutschland demütigenden Waffenstillstand ablösen kann.

Ein kleines Beispiel dafür, wie die Feinde der Deutschen auch heute noch arbeiten – mitunter mit deutscher Unterstützung –, beweist der „Schwarzwälder Bote" vom 12. April 1985, den ich mit einem die Wahrheit aussagenden Leserbrief zum Beweis meiner Ausführungen anführen möchte (s. Seite 52/53).

Auch der Verschluß aussagekräftiger Dokumente des Zweiten Weltkrieges wie sie in London z.B. für den Friedensparlamentär Rudolf Heß bereits bis zum Jahr 2017 festgelegt sind und in Paris, Washington und Moskau sicherlich in gleicher Weise behandelt werden, sagt nur gegen die Siegermächte aus.

Wie dumm hält man uns Deutsche eigentlich, wo eine Lüge nach der anderen geplatzt ist? Aber nur ruhig Blut, einmal wird es soweit sein, und an ein „Hallelujasingen" wird niemand mehr denken, wie es im Protokoll von 1905 steht.

III. KAPITEL

Psychologische Kriegführung unserer Feinde

Ein Ziel der psychologischen Kriegführung ist die Zersetzung der Moral beim Feind. Wir erinnern uns noch gut, wie Churchill bereits in den zwanziger Jahren den Luftkrieg plante, weil er mit der Zerstörung der Arbeiterwohnviertel in den deutschen Städten die Moral des deutschen Arbeiters und Soldaten zu zermürben hoffte. Er erkannte, daß der Erste Weltkrieg trotz des Versailler Vertrages, all der Gebietsabtretungen und der unbezahlten Reparationen das deutsche Volk nicht vernichtet hatte, wie es der Plan der Siegermächte war, an dem sie mindestens seit 1890 feilten. Man hatte planmäßig mit dem Ersten Weltkrieg vier Monarchien, das Rückgrat Europas, mit seinen Ordnungsmächten zerstört. Fast niemand macht sich heute ein Bild, was für ein Unheil außer der Niederwerfung des Deutschen Reiches die Vernichtung Österreich-Ungarns bedeutet hat. Daran leidet Europa nicht weniger als an der Zerstückelung des Deutschen Reiches.

Man hatte nicht voraussehen können, daß sich das deutsche Volk in sechs Jahren zu einer Großmacht entwickeln konnte (1933–1939), daß es völlig neue, doch auch sehr alte Lebensgrundlagen und Lebensweisheiten der Völker in dieser kurzen Zeitspanne zu verwirklichen in der Lage war.

Im Ausland erkannte man die ungeheuren Kräfte, die im Innern unseres Volkes frei geworden waren, und stellte verwundert fest, daß das Deutsche Reich noch nie in seiner Geschichte so kraftvoll und festgefügt war. Selbstbewußtsein und Zuversicht waren zurückgekehrt und beflügelten Sinne und Kräfte dieses begabten Volkes. Man hatte wieder zu tun, man durfte mit Geist und Hand schaffen, man sang bei der Arbeit wieder, nahm an KdF-Reisen (Kraft durch Freude) teil und war seit langer Zeit wieder froh und glücklich.

Churchill war Jude und Sohn der Tochter des amerikanischen Börsenmaklers Leonhard Jerome. Sein Deutschlandhaß trieb ihn wie schon im Ersten Weltkrieg zu immer neuen verbrecherischen Taten gegen die Deutschen. Dieser Mann, dem Deutsche in Aachen auch noch den Karls-Preis umgehängt haben, plante viele Jahre vor Ausbruch des Polenfeldzuges Langstreckenbomber mit großer Traglast und einem weiten Flugradius, um jedes Ziel im Deutschen Reich bombardieren zu können. Dieser Mann, der am Tage, als er Premier wurde, schwören mußte, daß er Deutschland zerstören würde, plante dazu im letzten Krieg, sechs deutsche Großstädte mit Milzbranderregern zu verseuchen. Seine Versuchsinsel Gruinard, auf der die ersten Verseuchungen mit diesen Erregern stattfanden, ist heute noch nach 50 Jahren nicht gefahrlos zu betreten.

Wenn wir die verschiedenen Handlungen unserer Feinde jetzt nach Jahrzehnten überdenken, müssen wir feststellen, mit welcher Kaltschnäuzigkeit, welcher Umsicht und welcher Vielfalt an Tötungsmöglichkeiten alles bedacht wurde. Wenn wir aber unsere Feinde durchschauen, müssen wir erschreckend feststellen, daß mit der psychologischen Kriegführung als Teil III heute noch und in den nächsten Jahrzehnten mit einem im Alten Testament nicht fehlenden Haß der Vernichtungskrieg gegen alles Deutsche fortgeführt wird.

Roosevelt (Rosenfeld), ein Vertreter des amerikanischen Judentums, arbeitete an Plänen zur biologischen Vernichtung der Deutschen. Einstein hatte die erste Atombombe Berlin zugedacht. Roosevelt hatte ganz bekannte Helfer in anderen Deutschenhassern seines Volkes, z.B. in Henry Morgenthau jr., der Deutschland in eine Ziegenweide verwandeln wollte, oder in Theodore-Nathan Kaufman, ebenfalls einem engen Vertrauten des US-Präsidenten, der Pläne ausgearbeitet hatte, um das deutsche Volk zu sterilisieren. Seine Berechnung beruhte auf 25 000 Ärzten, die die deutschen Soldaten in Gefangenenlagern zu sterilisieren hätten.

Dazu kommt noch ein Herr Louis Nizer, Mitglied der obersten Freimaurerloge B'nai Brith, die keine Nichtjuden aufnimmt. Er schrieb das Buch „What to do with Germany" – ohne Fragezeichen natürlich! Dieses Buch sagte so vieles über Deutschland und seine Menschen aus, daß es die berühmteste Haßausgabe eines Buches wurde, das vom Kabinett Roosevelt und auf Eisenhowers Befehl bei sämtlichen Offizieren der US-Army in Europa zur Pflichtlektüre erhoben wurde.

Wenn wir Deutschen diese Dinge verdaut haben, stellen wir doch einmal die Überlegung an, ob wir zu einem dieser verbrecherischen Pläne unsere Mithilfe gegeben hätten. Kann ein Deutscher auch nur auf den Gedanken kommen, ganze Völker hinzumorden? Uns ist dies immer nur von haßerfüllten Feinden in die Schuhe geschoben worden, z. B. bei den Hereros* oder in den vierziger Jahren bei den Juden. Immer stellten sich die Beschuldigungen in ihrer anormalen Übertreibung als Greuellügen und Verleumdungen heraus. Jedenfalls ist in unserer Geschichte im Gegensatz zu anderen europäischen Völkern kein Fall dieser Art nachzuweisen.

Beim sogenannten ‚Holocaust‘ sind so viele Einzelheiten aufgedeckt und vor Gerichten in Frankreich und Canada eidlich im Zeugenstand ausgesagt worden, daß viele Aussagen aus jüdischem Mund anno 1945 und später schon vor mehr als zwei Jahrzehnten gegenstandslos wurden. Nur in der Republik Österreich ist es noch „amtsbekannt“, daß Juden in Mauthausen und Dachau vergast wurden. Der Vorsitzenden eines Gerichts in Österreich, Frau Dr. Klatt, war z.B. „gerichtsnotorisch“ bekannt, daß in Dachau Vergasungen stattgefunden haben. Genauso wie in Dachau Jahrzehnte hindurch Schulklassen in das Lager geführt wurden, um die „Vergasungsanlage“ zu besichtigen, geschah es in der Republik Österreich, wo nach Schätzungen rund elf Millionen Schulkinder nach Mauthausen geführt wurden. Jeder kann sich ausmalen, was Lehrer und bestallte Lagerführer den Kindern alles vorgemacht haben. Ob immer freiwillig oder zur Rettung des eigenen Leibes vor gittergesiebter Luft, das ist die Frage. Man muß sich an den Kopf fassen, wenn 1987 in Wien ein Prozeß geführt wird, weil ein Österreicher behauptet, daß es in Dachau/ Oberbayern keine Vergasungen gegeben hat. Denn bereits im Jahre

---

* Die Hereros wurden 1903 von den Briten aufgehetzt!

1948 erhielt die österreichische Regierung vom Militärpolizeilichen Dienst das Rundschreiben Nr. 31/48 vom 1. Oktober 1948, wo es im letzten Absatz heißt:

„Ehemalige Häftlinge, welche bei Einvernahmen Angaben über die Ermordung von Menschen, insbesondere von Juden, mit Giftgas in diesem KZ machen, ist dieses Untersuchungsergebnis zur Kenntnis zu bringen. Sollten Sie weiter auf ihrer Aussage bestehen, ist Anzeige wegen falscher Zeugenaussage zu erstatten."

Trotzdem lautete der Beschluß des Gerichts am 18. September 1987, trotz Vorlage von 17 Beweisstücken, von denen drei von der Vorsitzenden, Dr. Brigitte Klatt, mit ironischen Bemerkungen – „Die Unterschrift des Bürgermeisters von Dachau ist unleserlich" – zur Kenntnis genommen wurden:

Beschluß: Der Wahrheitsbeweis wird nicht zugelassen, weil es gerichtsbekannt ist, daß es in Dachau sehr wohl Gaskammern gegeben hat und diese auch in Betrieb waren. (H Nr. 40)

Hierzu ist festzustellen:

1. Wer heute Dachau besucht, findet dort an der „Gaskammer" eine Tafel, auf der geschrieben steht, daß in dieser Gaskammer niemals Menschen vergast wurden.
2. Daß das „Institut für Zeitgeschichte" in München bereits vor mehr als 25 Jahren durch Dr. Martin Broszat bekanntgab, daß es auf dem Gebiet des Deutschen Reiches keine Vergasungen gegeben hat.
3. Die österreichische Bundesregierung ist seit 1948 im Besitz von alliierten Untersuchungsergebnissen, die den Standpunkt der Frau Dr. Klatt als falsch hinstellen.

Auch der bekannte Wiener Psychologe Prof. Viktor E. Frankl kam als jüdischer Häftling nach Dachau. In seinem Buch „ . . . trotzdem Ja zum Leben" 1986 heißt es, daß es keinen „Ofen", sprich Gaskammer, gab. Welche Aussage stimmt nun? (Ha)
Eine besondere Gehirnwäsche der psychologischen Kriegführung wird dem jungen Menschen unauslöschlich eingeprägt.

Militärpolizeilicher Dienst   Wien, 1.10.1948
                                     10. Ausfertigung

    R u n d s c h r e i b e n   Nr.31/48

1. Die Alliierten Untersuchungskommissionen haben bisher
festgestellt, dass in folgenden Konzentrationslagern
keine Menschen mit Giftgas getötet wurden:
Bergen-Belsen, Buchenwald, Dachau, Flossenbürg, Gross-
Rosen, Mauthausen und Nebenlager, Natzweiler, Neuen-
gamme, Niederhagen(Wewelsburg), Ravensbrück, Sachsen-
hausen, Stutthof, Theresienstadt.
In diesen Fällen konnte nachgewiesen werden, dass Geständnisse durch Folterungen erpresst wurden und Zeugenaussagen falsch waren.
Dies ist bei den KV-Erhebungen und Einvernahmen zu berücksichtigen.
Ehemalige KZ-Häftlinge, welche bei Einvernahmen Angaben
über die Ermordung von Menschen, insbesondere von Juden,
mit Giftgas in diesen KZ machen, ist dieses Untersuchungsergebnis zur Kenntnis zu bringen. Sollten sie weiter auf
ihre Aussagen bestehen, ist die Anzeige wegen falscher
Zeugenaussage zu erstatten.

2. Im RS 15/48 kann P. 1 gestrichen werden.

                   Der Leiter des MPD.:
                   Müller, Major

Für die Richtigkeit
der Ausfertigung:
Lachout, Leutnant   L.S.

F.d.R.d.A.:

Republik Österreich
Wachbataillon Wien
Kommando

           Ich bestätige hiemit, dass ich am 1.Oktober 1948
           als Angehöriger des militärpolizeilichen Dienstes
           beim Alliierten Militärkommando die Richtigkeit
           der Rundschreiben-Ausfertigung gemäss § 18 Abs.4
           AVG beglaubigt habe.

           Wien, 27. OKT. 1987

Das ist der Zweck der Übung. Sie stellt einen Abgrund her zwischen Eltern, Großeltern und dem Schüler. Diese Generationenkluft kann nur mit viel Geduld und Aufklärung in den Familien behoben werden. Denn nicht Eltern und Großeltern sind die Verbrecher, sondern jene verantwortlichen Politiker und Ämter, die sich mehr oder minder bewußt zu solch einer Lügenkampagne gegen unsere Jugend hergeben. Für die Lügenträger gilt es, diese Jugend zu zerstören und damit dem deutschen Volk jede Zukunft zu rauben als die in der Sklaverei. Man liest öfter „Deutschland verrecke!" – O nein, diesen Gefallen wird niemand tun.

Sicherlich folgt jetzt die Frage, wie viele Juden in Wahrheit umgekommen sind. Wie viele sind ganz normal oder unter schweren Lebensbedingungen verstorben, wie groß ist die Zahl derer, die umgebracht wurden? Der Bundesdeutsche tut sich bei seinen Gerichten schwer, die Yad-Washem-Zahl* zu bestreiten. Zur Beantwortung dieser Frage kann er auch das Internationale Rote Kreuz in Genf, die jüdische Erfassungsstelle in Arolsen und das AMERICAN JEWISH BOOK heranziehen. Diese Stellen haben Zahlen genannt, die z.T. direkt nach 1945 zusammengetragen wurden. Damals gab es noch keine „manipulierten" Zahlen, wie sie später für die „Holocaust-Berieselung" der Deutschen von verschiedenen Juden, umerzogenen Deutschen und karrieresüchtigen Politikern ausgesprochen wurden. (Anmerkung Nr. 3)

Die psychologische Kriegführung gegen das deutsche Volk im Jahre 1989 ist nichts weiter als die Fortführung des von der englischen Kriegspartei 1914 angezettelten Weltkrieges über den gegen Hitlers Willen wiederum vom England Churchills und Chamberlains erzwungenen Zweiten Weltkrieges, der auf der klaren Vernichtungslinie unserer Feinde erst nach der bedingungslosen Kapitulation am 8. Mai 1945 zur Abschlachtung von Millionen deutscher Menschen führte, als die Großdeutsche Wehrmacht die Waffen niedergelegt hatte.

Es ist gut, daß wir so viele Juden und Freimaurer haben, die uns in

---

* Gedenkstätte in Israel für jüdische Opfer

alter Ehrlichkeit immer rechtzeitig darauf hinweisen, was zwar nicht das auserwählte Volk, doch viele Einflußträger in seinen Reihen im Schilde führen. Vor wenigen Jahren teilten uns Kissinger, Schlesinger, Haig, Carter und Reagan mit, daß wir Deutsche uns auf einen dritten Weltkrieg einstellen müßten, der nur auf dem Boden des Deutschen Reiches, also ganz selbstverständlich auch auf österreichischem Gebiet stattfinden wird.

Nachdenkliche Deutsche überlegen sich zur Zeit, ob die vielen Rückführungen von Deutschen aus Polen, der Tschechoslowakei, aus Ungarn, Rumänien und der UdSSR dem Zweck einer Sammlung des deutschen Volkes auf möglichst engem Raum zu dienen haben, damit das „Harakiri" auch wirklich alle Teile dieses verhaßten Volkes erfaßt, dem die Welt soviel zu verdanken hat. Wir dürfen uns nicht einbilden, daß wir allein um unseretwillen im Frieden leben können. Der „Kalte Krieg" wird unermüdlich fortgeführt, laufend werden neue Kampfmittel erdacht. Die USA produzieren wieder einmal neue chemische Kampfstoffe, sicher nicht sie allein.

Aufgrund der nachhaltigen Verwüstungen beim Abwurf von Atombomben hat man nun wohl neue Pläne . . Mit anderen Kampfmitteln kann man uns auch rasch vernichten, zumal die Bundesregierung fast nur für sich Atombunker ausgebaut hat und nicht für beinahe die ganze Bevölkerung, von der sie laut Eid jeden Schaden abzuwenden hat. Der Deutsche ist mittlerweile so vertrauensselig geworden durch den langen, ständig eingepaukten und tief geglaubten Friedenszustand, der nur ein Waffenstillstand ist. Der Michel sieht in Amerikanern, Engländern, Franzosen usw. nur noch Freunde, weil Helmut Kohl für alle bei jeder Gelegenheit stets das Wort: „unsere Freunde" im Munde führt. Ob er wohl selbst daran glaubt oder nach dem Motto „Steter Tropfen höhlt den Stein" handelt?

Ein erfolgreiches Mittel zur Unterhöhlung der Moral eines Volkes, das seit Jahrzehnten einer raffinierten Umerziehung oder Wegerziehung unterworfen ist und seinen Halt zum großen Teil eingebüßt hat, bildet die Überflutung mit Pornographie. Sexuelle Übererregung vertreibt freies Denken. Überall können wir das erkennen, in Magazinen, Filmen, im Schulunterricht und auf entsprechenden Plakaten in der Öffentlichkeit. Auch das Fernsehen ist im Bunde mit zutiefst zersetzenden Filmen bis zum Überdruß all derer, die nicht nur Masse sind. Aber es sind nicht nur die Pornohefte und Filme, sondern viel gefährlicher sind die Belehrungen unserer Kinder in den Schulen. Da wirken junge umerzogene Lehrkräfte oft besonders aktiv und schädlich im Auftrag ihrer Kultusminister.

Die Eltern kommen meist erst dahinter, was ihren Kindern in manchen „deutschen" Lesebüchern geboten wird, wenn sie so ein Buch selbst in die Hand nehmen. Es ist unvorstellbar, was da an Schmutz und Amoral abgedruckt ist.

Klassiker, die gute Sprache vermitteln, mit ihren Werken Anstand, Sitte und alle Werte des Lebens vertreten, sind so gut wie abgeschafft. Dafür gibt es die Feuchtwanger und Manns z.B. mit ihrer sehr verschiedenen und nirgends aufbauenden Qualität, dann aber den Beginn der wahren Kultur mit Grass und Böll. Statt deutsche Frauen und Männer der Jugend vorzustellen, die große Taten für Deutschland, für ihr Volk vollbracht haben, richtet man Rauchzimmer in den Schulen ein – Liebeszimmer waren schon im Gespräch!

Der Bund kümmert sich nicht darum, weil er nicht zuständig ist. Er verschenkt unsere Rechtsgüter an ein Europa, das uns mit der EG und NATO, ja selbst der UNO nach dem Leben trachtet. Wer kann etwas anderes annehmen und glauben, wenn man bedenkt, daß die Deutschen in der UNO heute noch von 52 ehemaligen Feindstaaten geächtet sind! Dazu muß man bei der Zahl „52" wissen, daß das Deutsche Reich nur zwei Staaten den Krieg angedroht bzw. erklärt hat: Polen und USA. Alle anderen Staaten haben dem Reich den Krieg erklärt – mit dem sie meist gute Beziehungen hatten – unter dem Zwang der USA und Britanniens.

Wir haben seit langem den Eindruck, daß „unsere" Regierungen im Auftrag der Siegermächte den psychologischen Krieg „gegen alles Unwerte" unterstützen. Warum werden sonst Milliarden jährlich an andere Länder verschenkt, sogar an Polen, das seit 1918 gegen uns arbeitet und Millionen Deutsche ab 1919 aus Schlesien, der Mark, Pommern und West- wie Ostpreußen vertrieben hat? Seit mehr als tausend Jahren waren die Menschen dort daheim, das Land nie polnisch! Aber über 12 Milliarden belaufen sich mittlerweile Polens Schulden an die BRD, und Bundeskanzler Kohl ist sich nicht zu schade, um beim nächsten „Staatsbesuch" in Warschau weitere Gelder mitzubringen.

Weiß der Kanzler nichts von der deutsch-polnischen Geschichte, weil die Pfalz so weit von diesen deutschen Ostgebieten entfernt ist, oder hat er sich bei den deutsch-polnischen Schulbuchempfehlungen unterrichtet, die von Halbwahrheiten und Geschichtsfälschungen nur so strotzen? Entweder weiß er nichts, oder er handelt im Glauben, das müsse so sein gegen das deutsche Volk. (Anmerkung Nr. 5)

Kein Wort kommt von seinen Lippen, daß Ost- und Westpreußen, Pommern, Schlesien, das Sudetenland und Südtirol deutsche Gebiete sind, die zum Deutschen Reich gehören. Denn das Deutsche Reich besteht, wenn es auch zur Zeit handlungsunfähig ist. Aber des Kanzlers erstes und letztes Wort heißt „EG"! Dorthin würde er passen!

WIR ABER WERDEN UNS DAGEGEN WEHREN, MIT DER EG UNSER VATERLAND ZU VERLIEREN!

Verantwortungslos spricht die Bundesregierung von Europa, Binnenmarkt und tritt ein Bundesrecht nach dem anderen ab, ohne die geringste Umfrage bei der Bevölkerung anzustellen. Selbst dann, wenn es um die Volksgesundheit geht, gibt die westdeutsche Regierung sofort zum Schaden des deutschen Volkes nach, siehe Rindfleisch, Milch, Bier usw. Diese unverantwortliche Übertragung deutscher Hoheitsrechte an die EG stellt eine große Gefahr für den Fortbestand des deutschen Volkes dar.

Mit der Abtretung dieser Rechte sind auch die anderen Teile Deutschlands betroffen. Der Bundesbürger fragt sich, wie ein Bundeskanzler Kohl, der einen Amtseid vor dem Bundestag, der Volksvertretung Westdeutschlands, geleistet hat, durch Freizügigkeitsverträge die ungehinderte Einwanderung von Angehörigen fremder Völker – selbst aus Asien und dem Orient – in unser weit übervölkertes Staatsgebiet zulassen kann. Wir haben in der BRD kein Recht, uns für unser So-und-nicht-Andersgeartet-Sein zu wehren. Doch im Grundgesetz steht nirgends, daß wir im „Geißler-Sinne" multikulturell werden müssen.

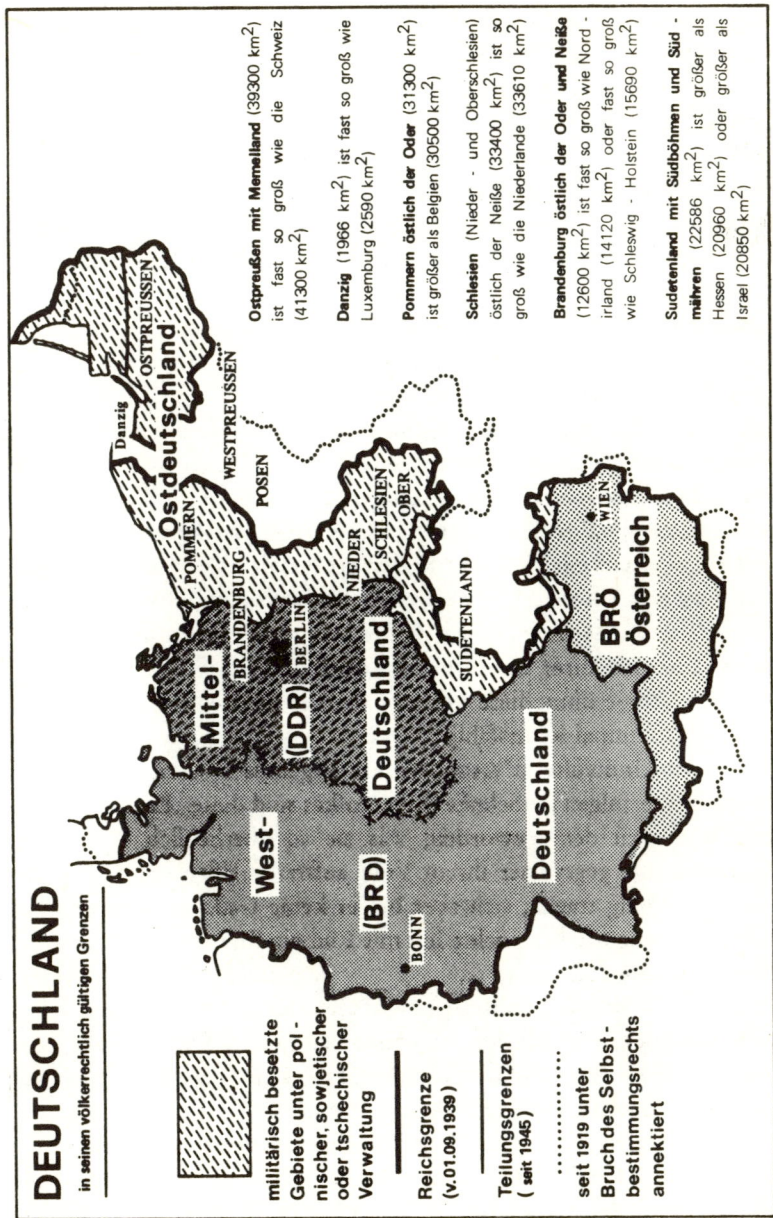

DEUTSCHLAND
in seinen völkerrechtlich gültigen Grenzen

Der Bundeskanzler hat die Gebietshoheit über unser Staatsgebiet in unverantwortlicher Weise verschenkt. Durch all diese Handlungen hat er die BRD in den Rang eines unmündigen Vasallen der Siegermächte gestellt. Dies kann man auch bereits als ein Zeichen der Billigung der täglich fortgesetzten psychologischen Kriegführung gegen unser Volk ansehen, als Einverständnis mit den Befehlen internationaler Großmächte. Unsere Feindmächte warten doch nur auf eine günstige Gelegenheit, um die Vernichtung des deutschen Volkes endlich zu erreichen. Schließlich wird dieser Krieg gegen das deutsche Volk seit Jahrhunderten geführt, mit besonderer List, Tücke und unfaßbarer Grausamkeit aber seit der Jahrhundertwende. Wer an den Teufel glaubt, sieht, wie er hier wirkt.

Wir sind keine Judenfeinde. Wenn Israel uns mit feindlichen Augen anblickt, hat es das selbst zu verantworten. Wir sehen keinen Grund dazu. Die BRD hat weit über hundert Milliarden DM diesem Land gezahlt, mehr als viele Völker der Welt. Aber wir können nicht die jedem internationalen Recht widersprechende Art des Vorgehens israelischer Soldaten gegen gefangene Palästinenser billigen.

Wer Palästinensern gewaltsam Arme und Beine bricht, mag sadistischen Neigungen folgen. Dem Völkerrecht entspricht dies so wenig wie dem Empfinden des deutschen Volkes. Können die vielen deutschen Milliarden nicht einmal im Nahen Osten Frieden schaffen? Wozu fahren unsere Politiker immer wieder dorthin, wenn sie nur ausgenutzt und gedemütigt werden?

Ein besonderes Mittel der psychologischen Kriegführung unserer Feinde ist die Verringerung der Bevölkerung durch weniger Geburten und eine Vielzahl von Abtreibungen. Besondere Stimmungen werden dazu über die Medien in die Hirne der Fernsehzuschauer gegossen. Die Bundesbürger sollen träge und gleichgültig werden, an einer deutschen Zukunft verzweifeln. Gibt es doch seit 44 Jahren kein aufmunterndes, nationales, zukunftsweisendes Wort in all den Medien, die – von wem wohl gelenkt? – den Siegermächten über deutsche Aufsichtsräte gehorchen müssen.

Das Hauptziel der Psycho-Kriegführung sehen unsere Feinde mit Recht in der Familie, die schon stark angeschlagen ist. Man geht so durchsichtig zersetzend vor. Die Autorität in der Familie, der Hausvorstand oder Vater, war schon bald nach 1945 so madig gemacht, daß seine Kinder betroffen waren, wenn sie von Mitschülern gehänselt wurden.

So wurde die Autorität über die eigenen Kinder in der Familie abgebaut, das haltende Band zwischen Alt und Jung gelockert oder zerschnitten. Wer fand es seinerzeit nicht „in", wenn 17/18jährige Kinder eine eigene Wohnung beanspruchten? Man änderte sogar das Wahlrecht, um diese auflösende Einstellung zu unterstreichen. Nun fehlen die Wohnungen für Deutsche aus dem Osten! Kein Fernsehen berichtet *davon* auch nur ein Wort! Die Lehrer unterrichten die Kinder in den Schulen darüber, welche Rechte sie gegenüber ihren Eltern haben. Die Bindung Eltern-Kinder und Kinder-Eltern, wo wird sie noch betont? Zersetzung, Auflösung heißt die Devise. Auf sie treffen wir heute überall. So werden wir schwach und schwächer. Die neue Parole heißt: Anno 2030 weniger als 40 Millionen Deutsche. Dann soll uns die Multi-Unkultur überwältigen! So sieht der Schlachtplan unserer „Freunde" aus, dem wir gelassen begegnen können, und zwar mit Erfolg!

Wie sich in der Natur falsche Entwicklungen zurückbilden und von selbst absterben, so werden sich auch in der Familie entgegen der heutigen Lage die Naturgesetze wieder durchsetzen. Leise Anzeichen zeigen eine allererste Einsicht bei Vater, Mutter und Kindern. Kostspielige Erfahrungen machen klar, daß wir „Mutter" nicht zweimal verbrauchen können, ohne alle Schaden zu nehmen. Hier helfen auch die Schlagworte „Maskulinismus" oder „Feminismus" nicht weiter. Wir brauchen den Zusammenhalt der Generationen, Gemeinsamkeit statt Eigeninteressen. Miteinander geht es immer besser, in der Familie wie im Volk.

Ganz systematisch ist über Schule, Fernsehen und Literatur, wenn man diese Bezeichnung noch benutzen kann, alles zerredet und in den Schmutz gezogen, was in gesunden Völkern hohes Ansehen genießt, z.B. die Treue, Vaterlandsliebe, Pflichterfüllung, Tapferkeit, Freiheit und Ehre. Hitlers Weg ist beendet. Schauen wir nach vorn! Wir leben jetzt ein halbes Jahrhundert später. Die Erkenntnis, was Hitler geleistet oder schlecht gemacht hat, bleibt Aufgabe der Historiker. Überall in der Welt gibt es Gutes und Schlechtes, auch bei uns.

So dürfen wir Hitler auch nicht verteufeln. Wichtig ist, daß wir einen neuen Weg suchen und finden, das gute verwerten. Doch eins müssen wir bleiben: *Wir selbst.*

Ein persönliches Beispiel mag manches klären. Mein Ältester kommt aus dem Gymnasium und fragt: „Vater, hast Du alle Gefangenen gleich erschießen lassen? Herr Studienrat X hat heute im Unterricht erzählt, daß dies bei der Wehrmacht so üblich gewesen sei." Am nächsten Tag ließ ich mir den Lehrer kommen und sagte: „Herr Studienrat, wenn Sie noch einmal den Schülern erzählen, daß deutsche Soldaten ihre Gefangenen immer gleich erschossen haben, dann zeige ich Sie an. Ich war nämlich selbst Frontoffizier und weiß, wie korrekt jeder Gefangene behandelt wurde, auch dann, wenn er beide Unterarme mit Uhren und den Hals mit Ketten behängt hatte. Ihm wurde alles Diebesgut belassen, so schwer es uns auch fiel."

In die psychologische Kriegführung gehört ebenfalls das tatenlose oder das eigene Volk bewußt schädigende Verhalten der Bundesregierungen in den letzten Jahren, weil § 218 so abgeändert wurde, daß es schon zum guten Ton gehört – nach dem üblen Motte: „Mein Bauch gehört mir!" – Abtreibungen vorzunehmen. Es ist ja auch so bequem, und die Kosten trägt die Krankenkasse! Die Verantwortlichen sollten sich schämen, diese Regelung verantwortungslos gegenüber dem deutschen Volk getroffen zu haben. Das gilt zuerst für die Gruppe Süßmuth-Kohl, die als Christen nicht gegen das Leben handeln sollten.

Mit Herrn Kanzleramtsminister Schäuble habe ich mehrere Briefe gewechselt, in denen alle möglichen Verbesserungen für Mutter und Familie aufgeführt sind, aber die Zusage, daß diese Regierung das saloppe, verbrecherische Mordsystem der Abtreibung durch ein klares Gesetz abstellt, das am Ende fast alle Deutschen zufrieden stellen würde, war zu viel verlangt.

Es ist aber allerhöchste Zeit, daß trotz allen dummen Geredes selbst von Akademikern, Kirchenleuten und anderen, wie wir es erlebten, Zustände eintreten, die der Frau Mut geben, die gesunden Kinder auszutragen und zu erziehen. Abtreibungen werden bei richtiger Fürsorge für Mutter und Kind nach und nach schwinden. Gleichzeitig ist aber der Arzt in der BRD, der eine Abtreibung vorgenommen hat, mit Freiheitsstrafe ohne Bewährung zur Ordnung zu rufen. Es muß wieder zur Regel werden, daß eine Abtreibung nur vorgenommen werden darf, wenn das Leben der Mutter gefährdet ist. Weitere Ausnahmen sind unnötig, weil der Staat bei kinderreichen Familien finanziell einzugreifen hat, nicht der abtreibende Arzt.

Bei Einsparung einiger Milliarden DM an Geschenken an andere Länder sollten doch Hilfen für den Nachwuchs im eigenen Volk als selbstverständlich angesehen werden. Im übrigen warten so viele Ehepaare auf ein Adoptivkind, daß in jedem Fall für das Kind gesorgt ist, wenn es die uneheliche Mutter oder die Eltern nicht haben wollen. Voraussetzung ist aber, daß der Ablauf einer Adoption von zehn und mehr Jahren auf 5-6 Monate herabgesetzt wird. Schließlich hat der Staat so viele Überwachungsmöglichkeiten der Adoptiveltern, daß eine gute Versorgung für das Kind gewährleistet ist. Von der Verzögerung einer Adoption leben heute doch nur tausende von Bürokraten.

Es ist erschütternd, wenn man die zuständigen Minister hört. Sie klopfen große Sprüche, denen keine Handlung folgt. Geschwätz ersetzt Taten! Nehmen wir nur den Bundeskanzler, wenn er vorm Bildschirm Zusagen macht! Nichts hat er so oft gehalten! Keine Wende hat er herbeigeführt! Kann es sich die CDU/CSU mit den Herren Dr. Kohl und Dr. Geißler bei geleistetem Amtseid vor ihrem Gewissen leisten, daß die größte Gefahr im Leben des Menschen im Schoße der Mutter droht, daß jedes dritte Kind aus dem Mutterleib gerissen wird, um in der Abfalltonne zu landen? Minister dürfen den Mord nicht dulden, Christen schon gar nicht!

In diesem Zusammenhang erinnere ich an den amerikanischen Arzt Dr. med. Bernard Nathanson, der Leiter einer Abtreibungsklinik war. Nach tausenden von Abtreibungen stellte er den Film „DER STUMME SCHREI" her, der in allen Einzelheiten den Ablauf einer Abtreibung zeigt, wie das kleine, hilflose Wesen sich wehrt, wie es die Händchen ausstreckt und schreit, bevor es zerrissen und abgesaugt wird. Die verantwortlichen Politiker sollten sich diesen Film ansehen und dann beschämt nach Hause gehen, weil sie versagt haben vor sich und dem deutschen Volk.

Dr. Bernard Nathanson, Sproß einer ehemals in Deutschland beheimateten jüdischen Familie, gab seiner Überzeugung Ausdruck, daß das Abtreibungsrecht die „Zerstörung dessen bedeutet, was unbestreitbar und eindeutig menschliches Leben ist", und daß die Abtreibung einen „unentschuldbaren Akt tödlicher Gewalt darstellt". Gegen seinen Film „Der stumme Schrei" gingen fanatische Feministinnen mit brutaler Gewalt vor. Bezeichnend ist, daß dieser Film auch im öffentlich-rechtlichen Fernsehen der BRD nicht gezeigt werden durfte.

Weil die Abtreibung in allen Einzelheiten im Bild erscheint, stellt dieses Filmband nicht nur ein erschütterndes Dokument des Moral-Verfalls unserer Zeit dar, sondern es wäre bestimmt ein Mittel, schwangere Frauen zum Austragen ihres Kindes zu bewegen und damit die von unseren Feinden mit allen Mitteln betriebene Vernichtung unseres Volkes aufzuhalten (DWZ 9. Dez. 1988).

Aber die Mannschaft Kohl – Geißler – Süßmuth verfolgt bewußt den Weg der Zerstörung des deutschen Volkes. Sie nennen es auch nur noch „Gesellschaft", was über die Bedeutung aussagt, die unsere Regierung uns schenkt. In der „Schriftenreihe des Bundeskanzleramtes" Band 7 sind Gutachten für die Kohlmannschaft zusammengestellt, die ganz klar ausdrücken, daß die Regierung nicht daran denkt, Maßnahmen gegen den ständig steigenden Ausländeranteil zu ergreifen. Binnen kürzester Frist soll die Bundesrepublik Deutschland um ihre deutsche Identität gebracht werden. Das Rezept lautet:

„Der integrationsfördernden Phantasie sollten gerade im langfristigen Interesse unserer Gesellschaft keine administrativen Fesseln angelegt werden. Eine soziokulturell ausbalancierte Förderung der Einwanderer ist eine der ‚billigsten' Politiken zur Abfederung unserer Bevölkerungsstrukturprobleme."

Da kann man nur hoffen, daß diese Regierung bald „abfedert" und nicht noch weitere Schäden an unserem Volkskörper anrichten kann. Alle großen Sprüche zur Wende sind nichts als neue Verschuldungen geworden, die der Bürger abarbeiten muß. (Wochenspiegel v. 21. April 1989/Nr. 17, S. 2)

Eine neue Art der psychologischen Kriegführung ist ein konzentrierter Diffamierungsangriff gegen den deutschen Soldaten und gegen den des Zweiten Weltkrieges im besonderen. Daran beteiligen sich

„deutsche" Schriftsteller, Filmemacher und die Medien insgesamt. Vom „Mörder" evangelischer Pastoren und Pastorinnen, von Richtern, die diese Bezeichnung nicht anrüchig finden und einen Angeklagten trotz der Schmähung unserer Soldaten freisprechen, von beschädigten und beschmierten Denkmälern für unsere Gefallenen von Kriegen, die unser Reich zu seiner Verteidigung geführt hat, wird dieser Angriff immer mehr auf die heutige Bundeswehr ausgedehnt. In diesem Jahr ist es schon so weit gekommen, daß – es wäre zum Lachen, wenn's nicht zum Weinen wäre – eine Überflüssigkeit der Bundeswehr erörtert wird, weil Genosse Gorbatschow ungemein viel verspricht, einige Raketen abbaut und angeblich 500 000 Rotarmisten irgendwann nach Hause schickt! Man muß sich wirklich der Dummheit dieser Bundes-bürger schämen, die wie 1945 jede hingeworfene Zigarettenkippe, so es eine Papirossi aus Moskau ist, freudig aufheben.

Haben wir immer noch nicht gelernt, daß die UdSSR nur aus Not, aus finanziellen und wirtschaftlichen Schwierigkeiten diese Zuge-ständnisse macht, weil sie nicht mehr anders kann und in den letzten Jahren so übergroße Rüstungsvorhaben durchgezogen hat, daß sie den USA und erst recht den BRD-Deutschen haushoch, wolkenkrat-zerhoch, auf vielen Gebieten überlegen ist.

Wir sehen doch, wie geschickt alles eingefädelt ist, wie der deutsche Michel sofort hereinfällt und schon bei Versprechungen für die Zukunft bei seiner naiven Sicht jede Gefahr aus dem Osten weg-wischt. Unsere Berufs-Naiven in Bonn wollen uns nur einreden, daß der Frieden, den Gorbatschow für diese Leute in der Hand hält, gesichert ist. Niemand bedenkt, daß es sich um gar keinen Frieden handelt, sondern um das 44. Jahr, das wir im aufgezwungenen Waffenstillstand ohne Friedensvertrag mit Besatzungen in Ost und West wie Mitteldeutschland erleben, d.h. *zubringen müssen*. An den brutalen sinnwidrigen Raub der deutschen Ostgebiete sei erinnert, alles hat nichts mit einem Frieden zu tun! Ehrlicher Friedenswille kann sich nur in der Heimkehr von Stettin, Danzig und Königsberg wie Breslau in einen gesamtdeutschen Staat, dem Deutschen Reich, ausdrücken. Aber den Frieden geben sie uns nicht, weil sie ihre Verbrechen in Algier, Teheran, Jalta und Potsdam auf ewige Zeit gelten lassen wollen.

Es können nur Leute wie Weizsäcker, Kohl, Genscher, Geißler und Genossen von „Frieden" sprechen, den die NATO, EVG oder EG uns beschert haben! Repräsentanten eines Staates, die gewiß nur *eines* gewiß nicht repräsentieren: unser deutsches Volk! Sie reichen uns einschläfernde Gifte, bewirken aber nichts zur Heilung von Europas Mitte. An den 15. Februar 1989 wird Gorbatschow immer wieder erinnert werden, wenn er an die Rote Armee denkt. Es war ein verheerender Rückschlag für die sowjetische Wehrmacht, der sich überall, besonders aber in der Dritten Welt noch auszahlen wird.

In neun Jahren konnte das riesige Sowjetreich nicht 17,5 Millionen Afghanen niederringen! Im Gegenteil, die Verluste an Menschen und Material waren so hoch, daß der Kreml-Fürst den Mut zur Einstellung des Kampfes fassen mußte. Weiteres Unheil, unübersehbare Sachverluste und vor allem der Ansehensverlust in aller Welt mußten verhindert werden. Wir müssen hier klar erkennen, daß der Kreml sich in einer Notlage befand, die ihm schwer zusetzte. Sollen wir ihm glauben, solange die Ostvölker an so vielem zweifeln? Haben wir Geduld! Die Lage wird sich bald klären.

Über neun Jahre wurde alles Kampfgeschehen, alles Morden und alle Zerstörungen am Hindukusch sorgsam verheimlicht, der Öffentlichkeit unterschlagen. Erst im Februar 1989 hebt sich der Schleier. Tatsachenberichte und Bilder berichten über die wahren Zustände an den Fronten. Die jedes Völkerrecht verletzende sowjetische Kriegführung wird offenbar, die sich auf das Hinmorden der hilflosen Bevölkerung und die Verödung des Landes beschränkt hat.

Was sind schon angeblich 15 000 tote Soldaten für die UdSSR, wenn 40 000–50 000 Verwundete, vielfach verkrüppelte junge Menschen und das heillose Leid hinzukommen, das Leid, das in so viele Familien eingezogen ist? Wir Deutsche können dies so gut nachempfinden, weil bei uns im Zweiten Weltkrieg auch in jeder Familie Frauen, Männer und Kinder ihr Leben lassen mußten, weil die Anglo-Amerikaner mit ihren geheimen Ratgebern die Zerfetzung unseres Landes und die Zerreißung unseres Volkes beschlossen hatten.

Das gesamte Handeln des sowjetischen Generalsekretärs wird zu dieser Zeit nur von wirtschaftlichen Gründen diktiert, die an den Grundlagen des Sowjetparadieses rütteln, dieses zum Einsturz bringen, wenn nicht schnell Abhilfe geschaffen wird. Neben schlechten Ernten, zu geringem Leistungswillen des Sowjetmenschen und zu hohem Alkoholgenusses sind es innere Schwierigkeiten, die durch aufwallende Nationalgefühle bei den einzelnen Völkerschaften der UdSSR und der Satelliten Unruhen hervorrufen.

Gorbatschow sieht die Lösung in ausreichender Versorgung der Bevölkerung mit Konsumgütern. Nach 70 Jahren will er endlich Verbesserungen im Lebensstandard schaffen, weil die Bevölkerung immer unzufriedener wird. Danach wird er oder einer seiner Nachfolger wieder bei jeder sich bietenden Gelegenheit die alten zaristischen, imperialen Ziele ansteuern, welche die Rote Armee bis in den Harz und Thüringen gezogen haben. Wir müssen wissen, wie unsicher es ist, daß Gorbatschow oder einer seiner Nachfolger zu einem Deng-Xiaoping in seiner Weisheit wird.

Darum ist es hohe Zeit für deutsche Politiker, die für ihr Volk *deutsche* Politik machen wollen, die es nach wirklicher Freiheit verlangt und nicht nach einer nur vorgegebenen, in Wirklichkeit nicht vorhandenen, wie Helmut Kohl sie versteht. Deutsche Politiker sind gefragt, die ihr Handwerk verstehen und nicht im Auftrag internationaler Weltmächte tätig sind, wie es für fast alle unsere Politiker beiderlei Geschlechts gilt.

WER IN DIESER STUNDE NICHT EINMAL DER FAMILIE GIBT, WESSEN SIE BEDARF, ABER MILLIONEN VON SCHEINASYLANTEN GROSSZÜGIG HERANZIEHT UND UNTERSTÜTZT, IST DEUTSCHLANDS BITTERER FEIND.

Bisher haben alle Bundeskanzler der BRD das schlechteste Bild abgegeben. Sie haben gegen das eigene Volk und für unsere Feinde gearbeitet. Angefangen hat es mit Konrad Adenauer, der alles tat, um West- von Mitteldeutschland zu trennen, und Ostdeutschland geflissentlich übersah. Heute dient Helmut Kohl in allem in gleicher Weise für den Westen. Er versündigt sich damit an der Mitte Europas und am deutschen Volk. Die Geschichte – vielleicht nicht nur sie – wird sie einst alle zur Rechenschaft ziehen, weil unsere Jugend ihr Gebaren von Tag zu Tag mehr erkennt.

Auch auf einem anderen Gebiet müssen wir Erfolge der psychologischen Kriegführung hinnehmen, die in wenigen Jahrzehnten für unsere Kultur tödlich sein dürften, wenn wir nicht ganz bewußt dagegen einschreiten. Gemeint ist die brutale Sittenverwilderung, die riesige Kriminalität in unserem Volk, die sich in Raubüberfällen, Entführungen, Vergewaltigungen und blutigen Auseinandersetzungen in zunehmendem Maße zeigt. Sie ist ein Signal der höchsten Alarmstufe! Aber unsere „Macher" streiten sich seit Jahren darum, ob etwas gegen „Vermummungen" gemacht werden kann oder nicht. Unsere vor Humanität triefenden Parlamente allein tragen die Schuld, daß es soweit gekommen ist. Die Abgeordneten sind so hilflos, so furchtsam, so liberal in einem unguten Sinne, daß sie keinen mannhaften Entschluß fassen können. Hinzu kommt, daß sie nicht ihrem Gewissen folgen, sondern Medien und Presse, die Lärm machen und sie angreifen.

Wie weit es mit uns bergab gegangen ist, zeigt ein Vergleich mit dem so verfemten Dritten Reich. Mir geht es hier nur um die Sicherheit der Bürger. Damals blieb manche Haustür unverschlossen, und kaum ein Fahrrad wurde durch ein Schloß gesichert. Jedes Mädchen und jede Frau konnte auch auf einsamen, dunklen Wegen in den Jahren der völligen Verdunkelung unbehindert heimkehren. Als Zeitzeuge fühle ich mich verpflichtet, dies zu sagen, wenn das auch das Amt für jugendgefährdende Schriften als Verherrlichung jener Zeit ansehen mag. Es gab auch in der Weimarer Republik so gut wie keine Bewachungsmannschaften für Persönlichkeiten des Deutschen Reiches. Selbstverständlich wurden ausländische Staatsgäste durch persönliche Wachen geschützt, weil sie auch von ihren eigenen Landsleuten auf deutschem Boden angegriffen werden konnten. Doch hohe Besucher waren damals selten. Nur *ein* König, Aman Ullah aus Afghanistan, fand den Weg von 1918–1933 in die Weimarer Republik. Aber zu Hitler kamen so viele. Er und seine Gäste waren sicher beschützt, und doch konnte Hitler selbst jederzeit frei in der Bevölkerung Hände schütteln und Gespräche führen, wenn er spazierenging. Ja, er konnte auch im offenen Wagen durchs Land fahren und brauchte keine kugelsichere Limousine, wie viele Filme beweisen. In der BRD wird heute u.U. ein Minister auf dem Weg von seiner Wohnungstür zum wartenden Auto mit Chauffeur erschossen.

Wenn man erfährt, daß nur ein kleiner Teil der Raubüberfälle aufgeklärt wird, obwohl es mehr Kriminal- und andere Polizeibeamte gibt als in den dreißiger Jahren, so wird der nicht in allen Dingen positive Unterschied zum Dritten Reich jeden Bürger nachdenklich stimmen. Einige Zahlen, die vom Staatssekretär des Bayerischen Innenministeriums, Dr. Peter Gauweiler, stammen, darf ich wohl nennen:

„In den letzten 20 Jahren stiegen z.b.
die Raubdelikte um 192 %,
der schwere Diebstahl um 267 %,
die Rauschgiftvergehen erhöhten sich um 4992 %".

(PHI 15. Dez. 1988).

Genauso erhöhten sich die Opfer dieser Straftaten, von denen aber so gut wie gar nicht gesprochen wird. Was tun Staat und Länder für sie? Sie brauchen als Helfer den „Weißen Ring".

Heute, wo sich Ausländergruppen in unseren Städten auf offener Straße beschießen und erdolchen, haben wir schon Zustände, die denen von New York und Chicago ähneln. Daher ist es allerhöchste Zeit, daß von Regierungsseite harte Maßnahmen ergriffen werden.

Die weiche Welle hat bei Wiederholungstätern keinen Sinn. Ein Nachlassen in der Härte hat nur Erfolg nach geglückter „Resozialisierung". Wochenendurlaub und andere Freiheiten für Mörder und Schwerverbrecher, denen damit nur die Möglichkeit gegeben wird, zu flüchten oder neue Straftaten zu begehen, ist nur in den seltensten Fällen sinnvoll. Hierhin gehören auch Amnestien für Terroristenmörder oder -mörderinnen, wie sie der Bundespräsident überdenkt. Das sind unmögliche Schwachheiten, die sich kein Staat leisten kann, der auf Ordnung hält. Aus der Gemeinschaft sind alle Elemente auszuschließen, die die Gemeinschaft oder Einzelpersonen in ihr gefährden.

Es ist schon wert, daß man sich die zum heutigen Chaos führende Entwicklung vor Augen hält, die gleich einer schleichenden Krankheit das gesunde Denken verwirrt und normale Handlungen als schizophren und lächerlich hinstellt, weil das eben nicht „in" ist. Die „Frankfurter Schule" brütete die „Kritische Theorie" aus, die mit den Lehren von Sigmund Freud und Karl Marx mittlerweile als unwissenschaftliche Utopien ihr Ende gefunden haben. Die „Frankfurter Schule" hatte ausschließlich den Zweck, dem Terrorismus und den Umstürzlern von 1969 in den Sattel zu helfen. Endziel ist der weltrevolutionäre Prozeß der Zersetzung der Völker wie die Schaffung des Massenmenschen.

Die „Philosophie" dieser „Schule" bestimmte z.B.

die Schul- und Hochschulreform,

die Gesamtschule,

den Austausch ausreichenden Geschichtsunterrichts gegen das neuerfundene Fach „Sozialkunde",

die Freigabe der Pornographie und die Einführung des Sexualkunde-Unterrichts in den Schulen,

die Änderung der Strafgesetze durch die sog. Strafrechtsreform, den offenen Strafvollzug und die dadurch ermöglichte ständig steigende Zahl von Verbrechen,

ferner die zunehmende Rauschgiftsucht, die Frau Rita Süßmuth der polizeilichen Überwachung entziehen will.

So entsteht – vom Staat gelenkt! – die immer stärker wirkende Auflösung der Eltern-Kind-Beziehungen, zu deren Verbreitung man den „Generationsvertrag" erfand, damit die Kriegsgeneration leichter beschuldigt werden kann für die Zeit der dreißiger Jahre, für ihre Autorität und den Einsatz während des Krieges für Deutschland. Getroffen sind freilich nicht Großeltern, sondern die Eltern von heute, die, in diesem Staat aufgezogen, weder gelernt haben, ihre wenigen Kinder zu rechten Männern, nicht zu frühen Liebhabern oder Schwulen, noch die Mädchen zu gestandenen Frauen, nicht zu Flittchen zu erziehen. Möge bald die Vorstellung wieder schwinden, was alles man „haben" muß! Die ärmeren Großeltern waren glücklicher und reicher nicht nach ihrem Geld, aber im Herzen.

Mit dem scheinbar unwichtigen Anreden des Vaters mit seinem Vornamen, wodurch es leicht ist, die väterliche Autorität zu untergraben und ein verantwortliches Eintreten für die Familie lächerlich zu machen, folgte die Auflösung der Familie als lebenswichtigstes Gefüge in einem Volkskörper. Das alles ist Mode mit Methode.

Die weiteren sichtbaren Erfolge dieser Professoren, die in den dreißiger Jahren in die USA emigrierten, nach 1945 zurückkehrten und die vielen von ihren Inhabern zwangsgeräumten Professorenstühle erhielten, sind uns noch allgegenwärtig mit Studentenunruhen und Terrorismus. Danach folgte der Marsch der von ihnen nicht um-, sondern *unerzogenen* Jugend, die nur haltlose, unerfahrene, fanatische Besserwisserei gelernt hatte, durch die Institutionen. Heute sitzen sie dort in beängstigender Zahl und Qualität. Die verheerenden Folgen traten besonders bei den jüngeren Lehrern zu Tage, zusammen mit den Auswirkungen für die Zukunft unseres Volkes.

Zu anderen Plänen der „Frankfurter Schule" gehörte die Einflußnahme auf die Medien: keine Marschmusik, keine Heimatfilme, nur verfälschte und tendenziöse Sendungen über deutsche Klassiker. Wann gab es die Wallensteintrilogie, den „Egmont" oder Hermann Burtes „Katte"? Ständig wurden „Dokumentationen" über das Dritte Reich, seine Soldaten und Träger gesendet, die von Halbwahrheiten und Fälschungen wie Verleumdungen nur so strotzen. Alles an Werten sollte in die Gosse gezogen werden, die vielen Verleumdern so vertraut ist. Der in der Welt als diszipliniertester Kämpfer anerkannte deutsche Soldat, der Tag für Tag für seine Familie, sein Volk und Vaterland sein Leben einsetzte, wurde und wird täglich bei uns geschmäht und verleumdet. *Ersatz wurde der US-Gangsterfilm!*

„Und wenn auch die Witwe des Kommunisten Ernst Bloch vor noch nicht allzu langer Zeit im Fernsehen ungerügt sagen konnte, sie und ihr Mann hätten sich ‚scheckig' gefreut, wenn deutsche Professoren mit Tomaten beworfen wurden, so mußten einige Wortführer der Frankfurter Schule doch am eigenen Leib erleben, daß die von ihnen gerufenen Demo-Geister auch nach ihnen mit Tomaten werfen . . .

So geschah es kürzlich einigen ‚Realos' durch ‚Fundis' bei den Grünen, die überwiegend ein Reinzuchtergebnis der Frankfurter Schule darstellen." (Heinrich Claussen in „Sieg").

Halten wir uns also immer vor Augen, welche Gefahr von der Frankfurter Schule ausgeht, deren Schüler den Generalangriff auf die deutsche und abendländische Kultur begonnen haben. Sie sitzen mittlerweile nahezu in allen Schlüsselstellungen der Schulen, Hochschulen, der Buchverlage, in Justiz und Strafvollzug.

Die marxistisch-kommunistische Ausrichtung der Frankfurter Anti-Schule und die bekannte Tatsache, daß mit ihrem Direktor alle Angehörigen des inneren Kreises und fast alle sonstigen Mitarbeiter des Instituts zwar uralten Geschlechtern, doch vielfach anderen Bindungen als deutschen Traditionen entstammen, führte dann dazu, daß im März 1933 das Institut (Die Frankfurter Schule – d.Verf.) wegen staatsfeindlicher Umtriebe aufgelöst wurde (Rudolf Künast, 1983). Das war nicht einfach legal, doch sah der Staat in diesen Professoren damals Gegner des Reiches . . .

Nach 1945 kehrten die maßgeblichen Verfechter der verbrecherischen Umerziehungslehren nach Europa zurück. Sie fanden überall freundliche Aufnahme, und so mancher von ihnen setzte sein zerstörerisches Treiben am deutschen Volkskörper bis heute ungestört fort. Besonders genüßlich wird uns von den Medien „Musik" eingehämmert, die wegen ihrer schrillen, jedes melodische Empfinden zerstörenden Klänge nicht nur Ohrenschmerzen, sondern bei übermäßig lautem Genuß sogar Schädigungen des Gehörs verursachen kann. Die Folge ist Unempfindlichkeit, die das musikalische Verstehen einschränkt oder ganz abtötet. Der dem Ohr des Europäers unerträgliche Klang erschlägt die Melodie. Auch mit der typischen Negermusik wurde Mißbrauch getrieben durch verantwortungslose Verarbeiter in New York. Über die größte „Musik"-Filiale von New York, nämlich England, wurde dann der europäische Kontinent überflutet. Mit der kulturell gebundenen Negermusik hatte das dann nichts mehr zu tun. Für jeden unverdorbenen Menschen ist Musik als ein heiliger Raum anzusehen, in den man in großer Freude oder sogar klopfenden Herzens eintritt und sich von den miteinander in Wettbewerb stehenden Tönen, die sich aus der Seele des Komponisten befreit haben, überschütten läßt. Selbst der Singende löst sein Herz, schenkt sich und oft auch anderen Freude und hohe Lust, aber auch Kraft. Alles Klangwerk dient der Erbauung, Befriedung und Stärkung. Mit einer ansprechenden schönen Musik schwingen wir in eine ideale, überirdische Welt hinüber, und Mißtöne der Wirklichkeit lösen sich im Wohlklang bezaubernder Melodien auf.

Wie garstig wirkt da jene plärrende Musik, jene schreiende, schrille Stimme, die sich aus einem hinundherzuckenden Körper windet und von einem krachenden Durcheinander elektronischer, systematisch disharmonischer Töne begleitet wird. Dieses Tongemisch beleidigt das unverdorbene Ohr und den in uns befindlichen Sinn für Klangschönheit, den Wunsch zum Schönen überhaupt. Wir können doch selbst feststellen, daß unser Gehör ein ganz bestimmtes musikalisches System entwickelt hat, das uns den Willen zum schönen Klang aufzwingt, uns bei schöner Musik unendlich glücklich und zufrieden macht.

Der Mensch ist von Natur aus auf eine enge Beziehung zum Schönen angewiesen, zu einem sittlichen Empfinden, wenn er seelisch und geistig gesund sein will. Der nun leider verstorbene Nobelpreisträger Konrad Lorenz sagte 1971 einmal dazu:

„Die totale Seelenblindheit für alles Schöne, die heute schnell um sich greift, ist eine Geisteskrankheit, die schon deshalb ernst genommen werden muß, weil sie mit einer Unempfindlichkeit gegen das Ethisch-Verwerfliche einhergeht."

So konnten wir auf wenigen Seiten einiges von der gerissenen Niederkämpfung unseres Volkes mit psychologischen Waffen besprechen. Aber Waffen des Feindes, die man erkannt hat, sind nicht mehr gefährlich, wenn wir ihnen unsere Abwehr entgegenstellen können. Das ist unsere Aufgabe, wenn wir als Volk überleben wollen.
Bekämpfen wir also mit legalen Mitteln all die Lügen und das verlogene Schuldbekenntnis, das unserer Jugend vom Bundespräsidenten v. Weizsäcker bis zum letzten Journalisten täglich geboten wird. Bekämpfen wir alles, was unsere Eigenart, unser Selbst zerstören will und soll!

Diese Greuelpropaganda jener Neider, die uns zum Selbstmord führen will, bricht zusammen, wenn eine Lüge nach der anderen platzt:
Die Fälschungen am Tagebuch der Anne Frank, das Märchen von den Lampenschirmen aus Menschenhaut, die Vergasungen in Dachau und Mauthausen, die Ermordung von 500 000 Zigeunern in Bergen-Belsen lt. Helmut Kohl, Katyn, Rotterdam und Guernica usw., usw. Die Lüge von den abgehackten Kinderhänden 1914 in Belgien, wurde bis auf den heutigen Tag nicht widerrufen! (Wa 22)

Die Zeit schreitet fort, der Wille zum Widerstand wächst in den deutschen Staaten, und die Wahrheit muß und wird siegen über alle Lügen von Deutschlands Feinden!

Welch eine Wirkung die psychologische Kriegführung hat, wenn sich Deutsche daran beteiligen, zeigt der folgende Leserbrief. Was für ein antideutscher Horror-Film mag gezeigt worden sein?

Aus der Vergangenheit nichts gelernt

Ich bin der Meinung, daß jeder, der eine rechtsradikale Partei gewählt hat, sich der vergangenen Jahre des Nationalsozialismus nicht bewußt ist und aus der Vergangenheit rein gar nichts gelernt hat. Obwohl ich erst 17 bin, also noch nicht wahlberechtigt, glaube ich von mir das Gegenteil behaupten zu können; zumindest seit meinem „Besuch" im KZ Dachau.

Was ich dort, hauptsächlich nach der Filmvorführung, empfand, möchte ich als Denkanstoß für alle sogenannten „erwachsenen Wahlberechtigten" einfach so in den Raum stellen:

„Es ist vorbei. Das ist alles, was mir nach der Besichtigung des KZ's Dachau einfällt. Der Film, der dort gezeigt wurde, war ein regelrechter Schock für mich, und ich kann noch immer nicht begreifen, warum Menschen, die sich durch ihren Verstand grundlegend von anderen Lebewesen unterscheiden sollten, auf so grausame Weise ihresgleichen vernichten konnten. Das Erlebnis (?) Dachau ruft in mir kontroverse Gefühle hervor: Zum einen möchte ich das Vergangene verdrängen, weil ich der Meinung bin, daß etwas ähnliches wie das Dritte Reich in unserer heutigen aufgeklärten Demokratie niemals wieder passieren könnte. Zum anderen möchte ich, aufgrund der erschreckenden Reaktionen von anderen Menschen auf den Film (z. B. Posestehen in den Gaskammern; Judenwitze) den vernünftigen Teil der Menschheit bitten, wann immer es an der Zeit ist, Aufklärung in puncto zwischenmenschlicher Beziehungen, hauptsächlich auch in bezug auf Ausländer, zu betreiben."

Abschließend möchte ich jeden bitten, bevor er eine rechtsgerichtete Partei wählt, ein KZ zu besichtigen. Ich hoffe, daß sich die Meinung vieler dann ändert!

Annette B., Mannheim
„MANNHEIMER MORGEN" v. 1./2. Juli 1989)

Annette B. hat aus der Vergangenheit wirklich nichts gelernt, wenn sie Lügen der psychologischen Kriegführung auf den Leim geht. Sie sollte jede Aussage von Politikern, Presse und Medien sehr kritisch überprüfen, um der Wahrheit näher zu kommen!

IV. KAPITEL

Die Wiedergutmachung

Noch nie in der Geschichte wurden „Wiedergutmachungen" in solch einem Ausmaß von einem Staat abverlangt, wie unsere Gegner in Amerika, Europa und im Orient ohne Maß im Besitz unbeschränkter Macht es von dem besetzten Deutschland und der Bundesrepublik Deutschland seit 1945 fordern und kassieren. Jawohl, fordern! Darin liegt die Kaltschnäuzigkeit dieser Maßnahmen.

Wir erfahren heute wie gestern um keinen Preis, auch nicht für hunderte von Milliarden, durch unabhängige Wissenschaftler, wann, wie und wo die sechs Millionen Juden von Yad Waschem in Jerusalem von Deutschen, die aus eigenem Antrieb oder auf Befehl gehandelt haben, getötet sind. Wir zahlen so bereitwillig wie nur irgendwie denkbar und erfahren ausgerechnet aus dem Münchner Institut für Zeitgeschichte, die sechs Millionen seien nur „eine symbolische Zahl". Eine symbolische Zahl ist aber keine Zahl. Wir aber brauchen zuerst Tatsachen, reine, nicht erfundene Tatsachen.

Man muß sich dabei vor Augen halten, daß der Staat Israel 1948 entstand und etwas mehr als zwei Millionen Einwohner zählt. Auf der Welt leben 1948 16–17 Millionen Juden, eine Zahl, die einen kritischen Menschen nachdenken läßt, wenn er vom Holocaust der sechs Millionen hört!

Die Verhandlungen Israels mit der BRD begannen im März 1952 in Luxemburg. Damals verlangte Ben Gurion die Summe von sechs Milliarden DM für die BRD und die DDR zusammen. Höhere Ansprüche stellte er nicht. Da die Bundesrepublik nur drei Milliarden anbot und innerhalb des Londoner Schuldenabkommens* zahlen wollte, waren die Israelis nicht damit einverstanden.

---

* Am 27. Februar 1953 wurde das Abkommen zwischen der BRD und dem Dreimächteausschuß (USA, England, Frankreich) für 22 von 60 Gläubigerländern zur Regelung der Auslandsschulden abgeschlossen.

Der Führer der deutschen Delegation, Prof. Böhm, und ein weiteres Delegationsmitglied, der Jurist Otto Küster, überreichten Bundeskanzler Dr. Adenauer daraufhin ihr Rücktrittsgesuch. Grund waren die Drohungen des seinerzeitigen israelischen Außenministers Mosche Scharett im Parlament:

> „Wenn die Bonner Regierung nicht neue Vorschläge von Garantien und Sofortzahlungen unterbreitet, werden wir nicht weiter verhandeln."

Außerdem drohte dieser Außenminister am 7. Mai 1952 mit internationalen Schwierigkeiten, die in der BRD zu einer Krise führen müßten. Wie die „Zusammenarbeit" gegenüber Deutschland abgestimmt war, beweist der US-Hochkommissar in Deutschland, John McCloy, der ach so große Deutschenfreund, der die Unterzeichnung des Staatsvertrages mit Bonn schnell noch hinausschob, da dieser ja der BRD einen Teil von Souveränität zurückgeben sollte. All diese Dinge stellen dar, wie hier gespielt wurde, ohne jedes Recht und nur mit Druck. Das Judentum hatte uns über zehn Jahre ständig Krieg erklärt, einen Heiligen Krieg, der zur Vernichtung des deutschen Volkes führen sollte. Jetzt schmachtete dieses geteilte Deutschland unter dem Druck der Besatzungsmächte und konnte zu allem gezwungen werden.

Kann man sich eine *teilweise* Souveränität vorstellen? Ich kann es nicht im Gegensatz zu Adenauer, der in die israelischen Forderungen einwilligte und am 10. September 1952 in Luxemburg einen Vertrag unterzeichnete, der die BRD zur Zahlung von 3,45 Milliarden DM in zehn Jahresraten, davon 800 Millionen DM sofort, verpflichtete. Man muß sich diese Unverschämtheit vorstellen!

Herr I.G. Burg, ein Jude, der alle Konzentrationslager nach dem Kriege besuchte und die tatsächlichen Sachverhalte an Ort und Stelle begutachten konnte, schrieb dazu:

> „Israel kassiert nun eine Wiedergutmachung für Unrecht, das Bürger anderer Staaten, vor allem Polens, Rumäniens, Ungarns, der CSSR und der UdSSR erlitten haben. Wahrscheinlich wird die BRD bei kommenden Friedensverhandlungen auch diesen Ländern Vergütungen leisten müssen für alle jene Bürger, für welche die BRD bereits an Israel zahlte."

BEI ALLEM KOMMT MAN NICHT DARUM HERUM,
DIESE DURCHWEG VERSCHWIEGENE WAHRHEIT
FESTZUHALTEN. DAS VERHÄLTNIS ISRAELS ZUR BRD
HAT SICH NICHT NORMALISIERT UND KANN ES
AUCH GAR NICHT, WEIL DIE BRD EIN TEIL DES
DEUTSCHEN REICHES IST UND NICHT SOUVERÄN
GEGENÜBER ISRAEL, DAS ÜBERALL VORBEHALTE
MACHT, WO ES NICHTS ZU SAGEN HAT.

Wissen wir eigentlich, daß

... der Staat Israel erst im Jahre 1948 auf rechtswidrige Art und unter grausamen Begleitumständen für die einheimische Bevölkerung errichtet wurde, wie Dr. Scheidl und Dr. Moaved in ihren Büchern „Israel, Traum und Wirklichkeit", Bd. 1–4 bezeugen?

... der Staat Israel bei einer Bevölkerung von ca. zwei Millionen Bürgern nur einen geringen Teil von Juden umfaßt, die von deutschen Kriegsmaßnahmen betroffen waren, und daß ein Großteil der Gesamtbevölkerung aus orientalischen Juden besteht, die früher in Nordafrika und Vorderasien lebten?

... ein Viertel der israelischen Bevölkerung schon in Palästina geboren ist und dem Staat Israel jeder juristische Anspruch auf eine Wiedergutmachung durch die BRD fehlt?

... daß die BRD nicht Deutschland ist, sondern nur ein Drittel davon und rund zwanzig Millionen ihrer Bevölkerung alles im Zweiten Weltkrieg verloren haben?

... die BRD zu feige war, um israelische Forderungen wie die DDR rundweg abzulehnen, und mit unglaublichen Druckmitteln „unserer amerikanischen Freunde" zu diesen Tributzahlungen gezwungen wurde?

... das österreichische Finanzministerium dagegen jegliche Leistungen an Israel ablehnte, „weil jede Rechtsgrundlage fehlt, da dieser Staat während der Herrschaft des Nationalsozialismus noch gar nicht bestanden hat, somit auf dem Gebiet der Republik Österreich auch nicht geschädigt werden konnte?"

... die BRD außerdem den Betrag von 450 Millionen DM an die diesen Weltorganisationen nicht angeschlossenen Juden zahlen mußte?

... im Bundesentschädigungsgesetz (BEG) die Bestimmung aufgenommen wurde, daß auch Zahlungen zur persönlichen Wiedergutmachung an im Ausland lebende jüdische Einzelpersonen gezahlt werden können?

... die Ausnutzung dieser weiteren Möglichkeit durch die in Betracht kommenden Juden systematisch und planmäßig organisiert wurde?

... es vielen Juden große Sorge macht, daß es trotz der mehr als ausufernden Erweiterung der Anspruchsberechtigten zu wenig Juden im Ausland gibt, um die zur Verfügung stehenden (!) Gelder der BRD auszunutzen?

... eine UPI-Meldung vom 9. Juli 1959 besagt, man müsse den Kreis „jener deutschen Juden" künstlich erhöhen, um Entschädigungsansprüche stellen zu können?

... das deutsche Wiedergutmachungsgesetz auch solchen Juden Entschädigungszahlungen zugesteht, die nicht im „Deutschen Reich" wohl aber innerhalb des „deutschen Kulturkreises" lebten und als „Deutsch-Juden" zu gelten haben?

... Israel ohne die nicht rückzahlbaren Kapitalströme nicht lebensfähig wäre und fast 50 % dieses Kapitals aus der BRD kommt?

... das Defizit der Zahlungsbilanz in Israel 1964 bereits 525 Millionen Dollar betrug und sich dieser Staat seitdem immer mehr von eigener wirtschaftlicher Unabhängigkeit entfernt hat?

... der ehemalige israelische Außenminister, Ebba Eban, sich nicht für zu dumm hielt, um die Verluste der Juden im Dritten Reich mit 116 Milliarden DM anzugeben?

... der DGB mit seiner Bank für Gemeinwirtschaft zu Zeiten von Direktor Walter Hasselbach Millionen DM an israelische Gewerkschaftseinrichtungen verschenkt hat?

... die israelische Tageszeitung JEDIOTH CHADASBOTH am 30. März 1966 schrieb: „Die treibende Kraft in der Entwicklung der Beziehungen zwischen Hisdadruth und dem DGB ist der Generalsekretär des DGB, Ludwig Rosenberg, der Israel bereits mehrmals besuchte. Rosenberg, der Jude ist ... sieht die Hilfe an Israel und an die ‚Hisdadruth'* als eine seiner wichtigsten Aufgaben an."

---

* Name einer israelischen Gewerkschaftsorganisation

... mit den Geldern deutscher Arbeiter in unverantwortlicher Weise in Israel eine große Wohnbau-Aktion vom DGB durchgeführt wird, bei der der DGB nicht direkt in Erscheinung tritt?

... die gewerkschaftseigene „gemeinnützige" Wohnungs- und Siedlungsgesellschaft „Neue Heimat" nach Mitteilung ihres Direktors, Albert Vietor, beschloß, in Tel Aviv und Haifa 3000 Wohnungen zu bauen, um einen Beitrag zur Beseitigung der dortigen Wohnungsnot zu leisten?

... die gewerkschaftseigene Wohnungsbau-Gesellschaft den israelischen Gesellschaften „Recoe" und „Schikum Owdim" eine Anleihe über acht Millionen Dollar für 1200 Wohnungen für junge israelische Ehepaare geschaffen hat? – So gut haben es unsere Aussiedler leider nicht.

... Generaldirektor *Dr. Hasselbach* von der Bank für Gemeinwirtschaft 1967 bei einem einwöchigen Israelbesuch für 1,5 Millionen Dollar (sechs Millionen Mark!) Bons der israelischen Entwicklungsanleihe erworben hat?

... auf diese Weise Gelder von deutschen Arbeitern an einen in schwersten Zahlungsschwierigkeiten befindlichen und zahlungsunfähigen Staat Israel verschenkt wurden?

... das „Handelsblatt", Nr. 209/1967, Düsseldorf, berichtet: „Ganz groß wurde von den Israelis der Besuch des deutschen Ex-Kanzlers *Erhard* aufgezogen. Um die Araber zu provozieren und die Beziehungen zwischen Bonn und den islamischen Völkern weiter zu verschlechtern, haben die Israelis im Besuchsprogramm für Erhard einen Besuch in der von ihnen widerrechtlich besetzten jordanischen Jerusalemer Altstadt vorgesehen. Die Bonner Bemühungen, die Israelis zu einer Änderung des Besuchsprogramms zu bewegen, waren fehlgeschlagen."

Die Israelis dachten nicht daran, die ihnen genehme neuerliche Zuspitzung des deutsch-arabischen Verhältnisses auszuklammern. Erhard war die Gunst der Israelis mehr wert als politische Rücksichten auf sein Vaterland, dessen Kanzler er einmal gewesen war.

Der Ex-Kanzler sprach die Israelis, nachdem Ministerpräsident *Eschkol* seine gewohnte Haßtirade gegen Deutschland losgelassen und

Deutschland seiner unvergeßbaren, ewigen Feindschaft wieder versichert hatte, den Ministerpräsidenten und die übrigen versammelten Gegner Deutschlands als „teure Freunde" an.

Laut „DWZ" fordert der Präsident der jüdischen Weltkonferenz Nahum *Goldmann,* von der BRD Milliarden für aus Osteuropa auswandernde Juden. Er hat Schritte eingeleitet, um von der BRD eine Wiedergutmachungsleistung auch für diejenigen Juden zu erhalten, die seit dem 1. Oktober 1953 aus Osteuropa nach Israel ausgewandert sind. Man schätzt die neuen Verbindlichkeiten auf etwa vier Milliarden DM. Nach dem Entschädigungsgesetz muß die BRD weitere 680 000 Anträge von etwa 300 000 israelischen Bürgern berücksichtigen, deren Forderungen einen Betrag von beinahe sechs Milliarden DM erreichen.

Laut einer Meldung der „DWZ" vom 24. Januar 1962 besprach Finanzminister Starke mit Nahum Goldmann finanzielle Ansprüche von weiteren 600 000 Juden an den Bund ... Während sich die jüdischen Forderungen auf rund sechs Milliarden DM belaufen, schätzt man in Bonn die „unumgängliche Mehrbelastung" auf 14 Milliarden DM ein.

Eine weitere ungeheuerliche Anmaßung ist es, daß ohne Scheu und Scham weitere Forderungen in Millionenhöhe gestellt wurden. Der Leiter der in Bonn eingetroffenen Delegation, Oberrichter Wilkon, war mehr als mutig. Er erklärte, daß die vom Bundestag angebotene Summe „einem Vergleich nach einem Konkurs" ähnele. Nur durch einen moralischen und politischen Druck ... könne eine Änderung erreicht werden.

Die Wiedergutmachungs-Agenten, die nicht nur aus Israel, sondern auch aus anderen Ländern der Erde herbeigeeilt waren, sagten kein Wort davon, daß die BRD in ihren Entschädigungs- und Rückerstattungsleistungen bereits bei einer Summe von 36 Milliarden angekommen ist. Sie wenden sich gegen einen Abschluß der „Wiedergutmachung" im allgemeinen und besonders gegen eine Begrenzung auf diese 36 Milliarden („DWZ" v. 29. Mai 1964).

Wußten Sie, daß
... durch das Bundesentschädigungsgesetz vom 29. Juni 1956 auch

alle jene Juden in die volle Wiedergutmachung einbezogen wurden, die bis zum 30. September 1953 nach dem Westen kamen?

. . . die Belastung der BRD dadurch ins Ungeheure wuchs und mehr als 90 % aller Wiedergutmachungsleistungen aufgrund dieses Erweiterungsgesetzes entstanden sind?

. . . mit einem weiteren ungeheuerlichen Gesetz vom 19. Juli 1957 samt vielen Novellen die BRD zu einer Melkkuh wurde, wo nicht nur die Leistungen erhöht, sondern auch jegliche Beweislast für eingetretene Schäden fast völlig aufgehoben wurde? Entsprechende Anweisungen haben die mit diesen Dingen amtlich befaßten Deutschen erhalten.

. . . bei Beantragung von Schäden viele Zehntausende von Anträgen beweisbar oder vermutlich gefälscht sind, und ein Schadenbeweis in der Praxis fast völlig aufgehoben wurde? Dies steht in krassem Gegensatz zu A-Flüchtlingen, die in der BRD Entschädigung für verlorenen Hausrat beantragen konnten.

Wir können eine das allenfalls gerechte Maß überschreitende Handhabung der beamteten Vertreter der BRD einschließlich der zuständigen Minister, der Bundestage, der Bundeskanzler und Bundespräsidenten feststellen. Ob sie deshalb je vor einem rechtsstaatlichen deutschen Gericht stehen werden, wo die Verantwortlichen mit ihrem gesamten Privatvermögen zu haften haben, wissen wir nicht.

Es ist kaum zu glauben, wozu ein Bundeskanzler Kohl sich als Vertreter des deutschen Volkes herablassen kann. In einem in Bonn veröffentlichten Schreiben zum 80. Geburtstag des „Nazijägers" Simon Wiesenthal hieß es: „ . . . Uns Deutsche mahnt und ermutigt es, die ganze Wahrheit unserer Geschichte wahrzunehmen und wachsam zu sein gegenüber allen Anfechtungen, die totalitärer Herrschaft den Weg öffnen können . . . An Ihrem Geburtstag möchte ich Ihnen vor allem danken für die Gespräche, die wir führen konnten und die mir viel gegeben haben, für Ihr großes Verständnis für all das, was uns Deutsche bewegt, und für Ihre unermüdliche Arbeit im Dienste der Verständigung, der Würde des Menschen und der Herrschaft des Rechts!" (DSZ)

Verständnislos vernimmt der Bundesbürger solche Briefzeilen an einen Mann, der vielfach als unversöhnlicher, noch immer von jeder Versöhnung weit entfernter Mann gilt. – Es gibt da eine Reihe von Prozessen, deren Angeschuldigte von Simon Wiesenthal gejagt worden sein sollen. Fest steht, daß er bewußt falsche Zahlen über angeblich in Mauthausen „vergaste" KL-Insassen verbreitet hat und diese Angaben nach etwa dreißig Jahren in einem anderen Buch widerrufen hat. Wir kennen die Wahrheit über Wiesenthal nicht. Es wäre aber Aufgabe der Staatsorgane, diese Dinge zu ermitteln. (Siehe dazu Anmerkung Nr. 4)

Für das, was wir Deutsche empfinden, kann Herr Wiesenthal kein Verständnis aufbringen. Mag sein, er betrachtet uns als „Gojim", die weit unter seiner Lebenswelt stehen. Sicherlich gibt es auch irgendeine deutsche Schuld, weil kein Volk schuldlos ist, auch das jüdische nicht, wenn es sich dabei um ein Volk handelt. Die beiden Weltkriege sind vom Deutschen Reich, *soweit Ungeschick vorlag, mitbegonnen worden*, verursacht wurden sie nicht von Deutschland. Es ist zu hoffen, daß Herr Wiesenthal dies auch von den Seinen sagen kann.

Um das Verhalten mancher Zionisten festzuhalten, die ja als Ganzes gerade dem NS-Regime die „liebsten" Juden waren, weil sie aus Europa nach Palästina übersiedeln wollten, seien ein paar Fragen gestellt:

Wußten Sie, daß . . .

. . . bei Entschädigungen nichtjüdischer Kriegsopfer bei deutschen Dienststellen stets ein strenger Maßstab beim Nachweis erlittener Verluste und Schäden angelegt wurde?

. . . das Auswärtige Amt Ende 1933 Goldmanns Ausbürgerung widerrief mit der Begründung, daß Goldmann jüdische Rechte verteidige und eine solche Maßnahme dem Ansehen Deutschlands schade?

. . . eine später von Goldmann veranlaßte antideutsche Resolution dennoch zur Ausweisung führte, der deutsche Generalkonsul in Jerusalem, ein ausgesprochener „Antinazi", den Ausgebürgerten aber dennoch mit einem deutschen Paß versorgte?

. . . für jede Ausweitung der Wiedergutmachung dem Bundesgerichtshof eine besondere Bedeutung zukommt wie dem Bundesverfassungsgericht, dem der als „Wiedergutmachungsanwalt" reich geworden Ernst Benda vorstand, der früher auch Chef der Deutsch-Israelischen Gesellschaft war?

. . . eine Vielzahl von Rechtsanwälten und verschiedenen Vermittlern in Israel tausende völlig unbegründete Entschädigungsansprüche gestellt hatten – sogar namens nicht existierender Personen, und zwei prominente israelische Rechtsanwälte die Flucht nach Südamerika angetreten haben? (Sch 96)

. . . die deutschen Gesetze wiederholt zugunsten der Anspruchserheber erweitert und berichtigt wurden?

. . . Bundesfinanzminister *Dahlgrün* damals wörtlich sagte: „Praktisch brauchen die Wiedergutmachungsbewerber nicht Konkretes mehr zu beweisen. Ich bin überzeugt, daß sich daraus Mißdeutungen ergeben werden, vor deren höchst unerwünschten Folgen man nur eindringlich warnen kann." (Sch 96)

. . . diese Warnung war mehr als berechtigt, wenn die „DWZ" vom 29. Okt. 1965, S. 10, schreiben konnte, daß „ein Gericht in London nun einem Auslieferungsbegehren der Bundesregierung Deutschland gegen die 40jährige Helga Kronenberg stattgab? (Diese geschäftstüchtige Kronenberg soll die BRD um 30 Millionen geschädigt haben!).

. . . aus einem erstaunlichen Bericht der Monatszeitschrift „Rechtsprechung zum Wiedergutmachungsrecht" hervorgeht „daß eingebrachte Anträge auf Wiedergutmachungszahlungen nachträglich – oft viele Monate später! – durch Nachtragsforderungen frisiert wurden?

. . . dabei „nachträglich" oft unwahrscheinliche Mengen von Schmuck, Goldbarren, Brillanten usw. eingesetzt und behauptet wurden?

. . . z.B. nachträgliche Ergänzungen begehrt wurden mit der Behauptung, es sei bei der Anmeldung eine Münzensammlung im Werte von DM 24000,– „vergessen" worden, oder Brillanten im Werte von DM 150000,– oder Gemälde im Werte von Millionen und dergl. mehr? (Heft „Rechtsprechung zum Wiedergutmachungsrecht", Heft 11, 15. Jahrgang, S. 477).

. . . es deutsche Beamte gab, die diese „Ergänzungsanträge" bereitwilligst für wahr hielten und bearbeiteten?

... man praktisch allen Juden in der Welt Wiedergutmachungsansprüche zuerkannt hat, selbst solchen, die viele Jahre nach dem Stichtag vom 1. Okt. 1953 aus den Ostblockstaaten auswanderten?

... nach Angaben des Bundesfinanzministeriums von ausländischen Rechtsanwälten, Rechtsvertretern und „Machern" Anträge auf Wiedergutmachung gestellt wurden, die in Einzelfällen gleich Tausende von Anträgen in Listenform vorlegten? (DWZ v. 9. Sept. 1966)

... der langjährige Bundestagspräsident, Eugen Gerstenmaier, eines Tages im Jahre 1965 den Zionistenchef Goldmann per Telefon eine Reihe zusätzlicher Wiedergutmachungsmilliarden anbot?

... Gerstenmaier auf einen Einwurf Goldmanns beim Telefongespräch, daß dies sehr kostspielig würde, geantwortet hat: „Erstens zahle ich es und nicht Sie, und zweitens haben Sie bestimmt noch nie einen Telefonanruf gehabt, der Ihnen viele Milliarden einbringt" (G442).

... dies jener Gerstenmaier war, der im Dritten Reich während des Krieges für die Kirche arbeitete und später über die Lex Gerstenmaier einige hunderttausend Mark Professorengehälter einsteckte, weil er seinen Professorentitel unter dem Nationalsozialismus nicht bekam?

... Franz Josef Strauß bei einer Israelreise aus Steuermitteln ein Waffengeschenk in Milliardenhöhe dem Staat Israel zukommen ließ und damit ganz bewußt gegen die Araber und ohne Rücksicht auf sein eigenes Volk gehandelt hat?

... der Bundespräsident Gustav Heinemann von Goldmann als „eine der moralisch eindrucksvollsten Figuren ... ein Mann von absoluter Integrität ... zeitlebens Antinazi" (G433) dargestellt wurde, obwohl er als Direktor bei den Rheinischen Stahlwerken voll und ganz im Dritten Reich gedient hatte?

... Heinemann eine entscheidende Rolle als amtierender Bundesjustizminister bei der Aufrechterhaltung der Verjährung von deutschen „Kriegsverbrechen" allein gegen deutsche Kriegstäter gespielt hat? Kriegstäter anderer Völker gab es natürlich nicht!

... die Alleinschuldthese 1945 wiederum mit Erfolg genutzt wurde und wie seinerzeit eine schamlose Lüge darstellt, die jeder Bundespräsident, jeder Bundeskanzler und Politiker immer wieder aufwärmt, um den Grundlagen für die Geburt der BRD treu zu bleiben oder den Anordnungen übernationaler Mächte zu folgen?

Jeder kann sich mittlerweile überzeugen, daß dies eine objektive Unwahrheit darstellt, für die kein Beweis zu erbringen ist, die aber das deutsche Volk seit Jahrzehnten schwer belastet.

Wußten Sie, daß

... aufgrund dieser Einstellung unserer Politiker unser Volk um so leichter von den Siegermächten in Knechtschaft gehalten werden kann – ohne Anspruch auf Gleichberechtigung in den UN und der NATO, ja selbst der EWG?

... eine internationale Historikerkonferenz Mitte der fünfziger Jahre die Feststellung traf, Deutschland habe keine Schuld am Ersten Weltkrieg, und daß Kaiser Wilhelm II. stets für den Frieden eingetreten sei und keinen Krieg gewollt habe? Daß selbst seine Fürsprache beim Zaren vergeblich gewesen sei, weil dieser gegen die Kräfte des Panslawismus* nicht ankam.

... der amerikanische Kongreß schon 1940 – also vor dem Kriegseintritt der USA – das „Institut für jüdische Fragen" schuf, das die Vorarbeiten für eine Bestrafung der deutschen Führung nebst einem hohen Maß von Wiedergutmachung zu leisten hatte?

... damals der Gedanke an einen „Kriegsverbrecherprozeß" aufkam, daß dieser Gedanke dann letztlich von dem Mitglied des Obersten Gerichtshofes, Robert H. Jackson, aufgegriffen wurde, um die Führungskräfte des deutschen Volkes, die Politiker und die Militärs zu bestrafen, d.h. zu vernichten?

... der Jüdische Weltkongreß mit den beiden Brüdern Jacob und Neheniah Robinson, zwei litauischen Juden, unter großem Einsatz die gedankliche und vor allem die „moralische" Vorbereitung für die Nürnberger Siegerjustiz schaffen mußte?

... es damals kein Gesetz gab, nach dem man eine Kriegführung als Vergehen gegen die Menschlichkeit oder Untergebene für die korrekte Ausführung von Befehlen ihrer Vorgesetzten bestrafen konnte?

---

* politische Organisation, die zur Unterwerfung Deutschlands beitragen soll, um Wünsche des russischen Imperialismus zu erfüllen. „Slawen" gab es nie!

... diese neu erdachten Paragraphen der Militärgesetze nur für die deutschen militärischen und politischen Führer erfunden und angewandt wurden und seitdem nie wieder? Trotzdem es seit 1945 159 Kriege gab und mehr Tote als im Zweiten Weltkrieg?

... es gegen alle juristischen Grundsätze und Ansichten verstößt, wenn man jemand für etwas bestraft, für das es bisher kein völkerrechtliches oder Strafgesetz gab, nach dem die Sieger gegen deutsche Politiker und gesetzestreue Soldaten vorgehen konnten?

Jeder Deutsche muß sich darüber klar werden, daß die gegen das Deutsche Reich wegen seiner Judenpolitik erhobenen Vorwürfe erst bewiesen werden müssen. Zu Kriegsbeginn steht es noch heute kriegführenden Mächten frei, die im eigenen Lande befindlichen Angehörigen des Feindstaates zu internieren. Ich verweise darauf, daß z.B. in England bereits am 3. Sept. 1939 alle Deutschen interniert, d.h. in Lagern zusammengefaßt und von der Außenwelt abgeschnitten wurden. Großbritannien internierte an diesem Tag sogar die Wiener Sängerknaben, die erst nach wiederholten Protesten freigegeben wurden.

Das Deutsche Reich hätte also mit gewissem Recht nach der ersten „Kriegserklärung" durch jüdische Weltorganisationen, die seit 1932 „den Heiligen Krieg" gegen das Deutsche Reich in Paris durch Bernart Lecache, den Präsidenten der Jüdischen Weltliga, verkünden ließen, alle Juden internieren können. Freilich waren jüdische Weltorganisationen völkerrechtlich nicht zu Kriegserklärungen berechtigt. Doch war bekannt, was diese zu bedeuten hatten.

Dies geschah aus vielerlei Gründen nicht. Man erinnerte sich, daß 1914 rund 100000 Juden für Deutschland als Soldaten gekämpft hatten, daß Tausende dieser jüdischen Soldaten wegen Tapferkeit ausgezeichnet worden waren, daß 12000 Juden für Deutschland ihr Leben gegeben hatten. So wurden in den ersten Jahren nur solche Juden eingesperrt, die Sonderfälle darstellten, z.B. bei Vergehen gegen die Gesetze. Alle anderen konnten mit ihrem Vermögen ausreisen, so weit sie in anderen Ländern Aufnahme fanden. Der Verfasser stellt damit nicht fest, daß da volle Gerechtigkeit herrschte. Denn volle Gerechtigkeit gibt es nirgends auf dieser Welt.

Es sollte bekannt sein, daß

... Otto Hirsch als geschäftsführender Vorsitzender der Reichsvertretung der deutschen Juden noch 1939 und 1940 nach London und Budapest fahren konnte, um die Auswanderung tausender Juden zu ermöglichen und zu organisieren? (Stgt. Zeitung v. 9. Jan. 1985)

... Historiker feststellten: Von 540 000 Glaubensjuden, die 1933 im Deutschen Reich lebten, konnten mindestens 317 000 auf dem Wege über Otto Hirsch ausreisen. (Stgt. Ztg. v. 9. Jan. 1985).

... zwischen 1933 und 1941/42 insgesamt 557 357 deutsche und österreichische Juden gesetzlich und normal aus dem Gebiet des Großdeutschen Reiches, meist unter Mitnahme von Vermögenswerten, ausreisen konnten? (Leiter der wissenschaftlichen „Dokumentationszentrale des zeitgenössischen Judentums" in Paris).

... während des gesamten Zweiten Weltkrieges in allen deutschen Konzentrationslagern Beobachter stationiert waren, die im Auftrag des Internationalen Roten Kreuzes arbeiteten und nicht eine Meldung über Vergasungen oder Anlagen nach Genf durchgaben.

... das Internationale Rote Kreuz weder während noch nach dem Krieg – trotz seiner Mitarbeiter in allen Lagern – Beweise für das Vorhandensein von „Gaskammern" auffinden konnte? (Brief des CiCR v. 11. Januar 1989).

... die bekannte jüdische Geschichtsphilosophin Prof. Hannah Arendt im Zusammenhang mit Fotoaufnahmen bemerkt hat: „Es ist nicht unwichtig, sich klarzumachen, daß alle Aufnahmen von Konzentrationslagern insofern irreführend sind, als sie Lager im letzten Stadium zeigen, im Moment des Einmarsches der alliierten Truppen . . . "

„Was auf die Alliierten so empörend wirkte und das Grauen der Filme ausmacht, nämlich die zu Skeletten abgemagerten Menschen, (ist) für die deutschen Konzentrationslager nicht typisch gewesen . . . Der Zustand der Lager war eine Folge der Kriegsereignisse in den letzten Monaten (H. Arendt, S. 704, Fußnote).

... es am 24. März 1933 lt. DAILY EXPRESS/London 14 Mio. Juden gab und 1985 lt. den Daten des American Jewish Book 16,3 Mio. Juden?

... die Angaben im Großen Brockhaus, Ausgabe 1975, und in der

Encyklopaedia universalis, in französischer Sprache, Ausgabe 1985 so abgestimmt sind, daß man zwischen 1942 und 1944 sechs Millionen Juden abbuchen kann?

... die Deutsche Reichsregierung unablässig bemüht war, den Juden die Ausreise aus dem Reich zu ermöglichen, daß im Frühjahr 1945 noch Züge vom Roten Kreuz von Bergen-Belsen mit etwa 1500 Juden wöchentlich über Konstanz in die Schweiz fuhren und auf der Rückfahrt deutsche Verwundete mitnahmen?

... dieser Judentransport morgens gegen 6.00 Uhr in Ulm von rund 60 Angehörigen der NSV (Nationalsozialistische Volkswohlfahrt = freiwillige Organisation!) bei klirrender Kälte mit heißem Kaffee und Marmeladenbroten versorgt wurde?

Wußten Sie, daß noch keine Bundesregierung seit 1945 den Mut aufgebracht hat, eine Aufstellung der deutschen Verluste durch Vertreibung, Kriegseinwirkungen und Annexion deutscher Gebiete aufzustellen? Vielfach liegen statistische Unterlagen bei den einzelnen Bundesministerien vor, wie Herr Prof. Dr. Helmut Rumpf berichtet hat. Dieser Völker- und Strafrechtler hat, als Wissenschaftler und hoher Beamter im Bonner Außenministerium klar ausgedrückt, daß in den vertraglichen Regelungen zwischen Bonn und den Westalliierten im Londoner Schuldenabkommen vom 27. Febr. 1953 und dem Überleitungsvertrag vom 24. Okt. 1954 die endgültige Reparationsfrage mit einem gesamtdeutschen Friedensvertrag und der Wiederherstellung der staatlichen Einheit Deutschlands völkerrechtlich verknüpft worden sei. Prof. Dr. Rumpf betont ganz offen, daß die Bundesregierungen seit 1955 die völkerrechtliche Grundlage hatten, alle Reparationsforderungen bis zum Friedensvertrag mit ganz Deutschland abzulehnen und die Wiedervereinigungspolitik mit der Reparationspolitik zu verbinden. Auf keinen Fall hätte eine müde Mark an Israel gezahlt werden müssen, weil jüdische Kriegserklärungen an Deutschland keine deutsche Schuld beweisen können.

Mit anderen Worten hätte die Bundesregierung Deutschland erklären können: „Bevor die Einheit Deutschlands laut den abgeschlossenen Verträgen mit Hilfe der Feindmächte nicht wiederhergestellt ist, zahlen wir keinen Betrag an Reparationen!"

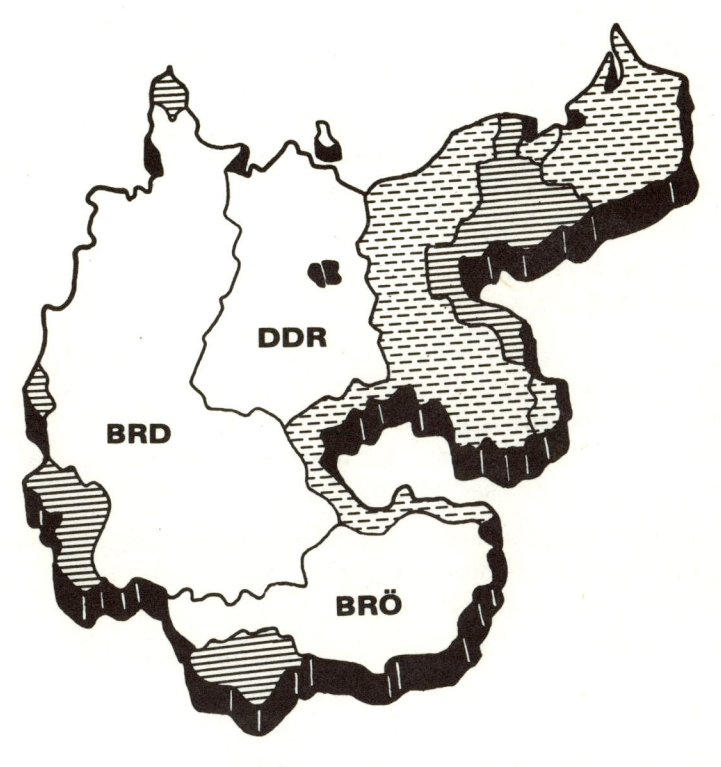

Drei Deutsche Staaten

abgetrennte Gebiete – vertriebene Menschen

und dennoch:

Wir sind ein Volk!

Wußten Sie, daß

... Außenminister Dr. Stresemann in der Weimarer Republik bestrebt war, mit finanziellen Mitteln die Einheit des Deutschen Reiches zu wahren, und viele unserer heutigen Volksvertreter alles daransetzen, die Zerstückelung Deutschlands zu erhalten, die Wiedervereinigung unmöglich zu machen und die Besatzungsmächte auf unsere Kosten im Lande zu behalten?

... die deutschen Regierungen nach 1945 die entscheidende Tatsache übersehen, in welchem Maße die Maßnahmen gegen die Juden auch Kriegsmaßnahmen waren?

... die internationale jüdische Welthetze über Presse, Film und Medien ungehemmt gegen das deutsche Volk wüten – auch bei unseren Verbündeten in der NATO! –, weil das deutsche Volk nach dem Willen der Wall Street überflüssig ist, obwohl es mit seinen Geldern Israel aufgebaut hat?

... Eschkol und Genossen um die Gunst Polens buhlen, obwohl dort in diesem Jahrhundert die größten Progrome gegen die Juden stattfanden, auch noch nach 1945?

... die Israel hörigen deutschen Bundesregierungen mit astronomischen Geldleistungen von dem einstigen Kriegsgegner (1,4 Millionen Soldaten!) die Verzeihung Deutschlands erkaufen wollen???

... man ein dickes Buch über die Anmaßungen gewisser antideutscher Juden schreiben könnte, obwohl die BRD an Israel „das heute modernste militärische Gerät seiner Art in der ganzen Welt gespendet hat"? (Sch37)

... nach Mitteilung der Tageszeitung „Die Presse", Wien, Kriegsschiffe, Flugzeuge, Waffen aller Art und militärische Ausrüstung geschenkweise an Israel geliefert wurden? (Sch36)

... das deutsche Generalkonsulat in New York 1965 monatlich rund 200 000 Dollar für ärztliche Sachverständigenkosten ausgab (DM 800 000,-) und die Ärzte nach 20 Jahren feststellen sollten, ob ein Kranker auch krank wäre, wenn er nicht verfolgt worden wäre, oder ob er krank ist, weil er verfolgt wurde?

... die Zionisten heute bereits rund 80 Milliarden DM (wenn das reicht – d. Verf.) aus der BRD ohne rechtliche Grundlage herausgepreßt haben?

... am 7. Juli 1962 israelische Agenten eine Bombe im Charterflugzeug des Direktors der Mechanica Corporation (MECO) *Kamil* verbargen, die dann explodierte und das Flugzeug zerstörte? Der Direktor war in letzter Minute am Flug verhindert, aber seine Gattin *Helene, Herzogin von Mecklenburg,* und die gesamte Mannschaft fanden den Tod. (Sch39)

... am 11. Sept. 1962 *Dr. Heinz Krug,* Direktor der Intra-Handelsgesellschaft, aus München entführt wurde und daß zionistische Agenten später einen Brief mit der Aussage schickten, er sei entführt und ermordet worden, weil er die VAR (Vereinigte Arabische Republik) mit bestimmten Materialien versorgte? (Sch39)

... am 27. November 1962 die Sekretärin von *Prof. Dr. Pilz, Hannelore Wende,* beim Öffnen eines als Buchsendung deklarierten Sprengstoffpaketes schwer verletzt wurde? (Sch39)

... am 20. Februar 1963 von drei zionistischen Agenten ein Mordversuch an dem Elektro-Spezialisten *Dr. Hans Kleinwächter* in Lörrach verübt wurde?

... der Atomphysiker *Dr. Karl M.,* Angestellter eines staatlichen Instituts in Deutschland, plötzlich in München eines geheimnisvollen Todes starb?

... die Zeitung NEUES ÖSTERREICH am 12. April 1964 dazu schrieb: „Der Fall Dr. M. bereichert die Serie der Überfälle und Entführungen, die sich in den letzten Jahren an deutschen Atomphysikern ereigneten, um ein neues Delikt" (Sch40)

Wußten Sie, was von den ersten 3,45 Milliarden auf Grund des Luxemburger Abkommens vom 10. September 1952 angeschafft wurde?

Neben Hafenanlagen, Eisenbahnzügen, Kraftwerken, Wasserleitungsanlagen, Pumpwerken, Industrieanlagen und Maschinen pp., die von der Bundesrepublik Deutschland gratis und franko nach Israel geliefert wurden, wurde gleichzeitig noch eine ganze Flotte von 450 000 t geliefert. Es waren:

2 kombinierte Fahrgastschiffe, für den Amerikadienst,
2 Luxus-Fahrgastschiffe für den Mittelmeerdienst,
4 Tanker,
41 Frachter (davon 2 Kühlschiffe, 2 Fruchtschiffe, 1 Gastanker),
8 Fischkutter,
2 Zollkreuzer,
1 Schwimmdock. (Sch58)

Es handelte sich dabei um Schiffe von 7000–24 000 t. Wenn man hinter alle krummen Ecken schaut, wurde Israel von deutschem Geist aufgebaut und spiegelt deutsche Leistungen wider! Wir sollten uns das wohl merken!

Wie die Bundesrepublik Deutschland den Feindstaat Israel, der das deutsche Volk nur ausnutzt, auf anderen Gebieten unterstützt, sagt die seriöse österreichische Zeitung „Die Presse" am 20./21. Februar 1965:

> „Deutschland finanzierte die Lieferung militärischer Waffen an Israel im Werte von zwei Milliarden Schilling."

Selbst die tausendjährige Freundschaft der Deutschen zu den Arabern wollte die Bonner Politik für Israel opfern. Erst die Drohung des ägyptischen Staatschefs *Nasser,* die DDR anzuerkennen, brachte die Bundesrepublik zur Umkehr.

Ein typisches Beispiel bundesrepublikanischer Großzügigkeit mit Steuergeldern soll hier aber nicht fehlen. Anläßlich der Pensionierung des langjährigen Präsidenten des Landesentschädigungsamtes, *Heinz Meier,* der zugleich 15 Jahre hindurch dem Landesverband der Israelischen Kulturgemeinde vorstand, hatte diese bemerkenswerte Ämterdualität dafür gesorgt, daß die Wiedergutmachung schnell und reibungslos den Antragstellern zufloß, wie sich der heutige Ministerpräsident von Bayern, damals zufrieden ausgedrückt hat:

> „Im bayerischen Landesentschädigungsamt sind bisher allein 450 000 Anträge auf Wiedergutmachung eingegangen. Die Zahlungen werden bis ins 21. Jahrhundert hineinlaufen, betonte der Finanzminister. Man werde dabei keine Mühe und Kosten scheuen. Die derzeit 160 Mitarbeiter des Amtes sollen personelle Verstärkung erfahren. Er, *Dr. Streibl,* habe sich auch trotz gegenteiliger dringender Empfehlungen des Bundes- und des Landesrechnungshofes (!) entschlossen, das Amt als eigenständige Behörde weiterzuführen." (Deutscher Anzeiger v. 22. Febr. 1980)

Der einst nationalzionistische, nordrheinwestfälische Justizminister Dr. Michael Neuberger vertritt angeblich die Interessen des Nationalzionismus und besorgt seine eigenen Geschäfte, wie die „NZ" vom 17. März 1967 berichtete:

> „Unter Vorsitz des (nationalzionistischen) Vorkämpfers für eine verstärkte Verfolgung der deutschen Kriegsverbrecher, Dr. Josef Neuberger in seiner Eigenschaft als nordrheinwestfälischer Justizminister tagten die Justizminister der Bundesländer in Bonn und berieten den Fortgang der Kriegsverbrecherprozesse. Auch der Bundesjustizminister Heinemann nahm an der Beratung teil. Heinemann und Neuberger befürworten die endgültige Aufhebung der Verjährung für deutsche Kriegsverbrechen."

Dieser deutsche Minister hat zwei Söhne. Sie sind – als Söhne eines deutschen Ministers – israelische Staatsbürger, der Vater auch? Die Söhne gingen in der BRD zur Schule und wurden hier schulisch ausgebildet. Vielleicht sind sie auch deutsche Staatsbürger, was, materiell gesehen, sicherlich von Nutzen wäre? Ihre Militärpflicht haben diese jungen Männer nicht in der Bundesrepublik, sondern in Israel abgeleistet.

Bei Ausbruch des israelischen Angriffskrieges 1967 gegen die Araber wurden beide als israelische Staatsbürger nach Israel einberufen („DWZ" v. 23. Juni 1967). Selbst die Frau von Michael Neuberger leistete Kriegsdienst in Israel. Eigenartige Situationen oder Normalfälle? Freundschaft auch mit dem jüdischen Volk erwächst nicht aus Würdelosigkeit gegenüber den Zionisten in Israel. Darüber ließen sich viele Kapitel schreiben; sie würden ein dicker Wälzer werden. Unsere Jugend muß alle Tatsachen hören und prüfen können, die deutsche Politiker vor und seit 1945 gegenüber den Juden betreffen, alles Gute und Böse. Ich weiß, daß diese jungen Menschen keine oder nur wenige Tatsachen über die Wiedergutmachung erfahren haben und keinesfalls wissen, auf welch schimpfliche Art die Bundesrepublik Deutschland sich mit Hilfe ihrer politischen Führungsmannschaft erpressen ließ und wohl noch läßt. Das schadet auf die Dauer *beiden* Seiten. Bei uns weckt es Antisemitismus, zu dem wir schon lange nicht mehr neigen.

Ob es sich dabei um 24 Hubschrauber der Bundeswehr handelt, die 1960 in den USA gekauft wurden und zum Teil verloren gingen. Immerhin waren es 90 Maschinen vom Typ Sikorsky S 58. Die

Bundeswehr wußte nicht, daß sie nie die 90 Maschinen erhalten würde, die sie bestellt hatte, sondern nur 66. Sieben Jahre später – kaum zu glauben, was man „geheim" vereinbaren kann – enthüllte erst das Washingtoner Fachblatt „Aviation Week", daß auf höchster Ebene vereinbart war – unter strengster Geheimhaltung selbstverständlich –, daß 24 Maschinen auf deutsche Kosten nach Israel abzuzweigen seien (Sch41).

Ein deutscher Frachter stach in See, legte in einem holländischen Hafen neben einem israelischen Frachter an und lud das Frachtgut im Schutz der Dunkelheit um. So macht man das ohne Rücksicht auf die Bundeswehr, die 90 Piloten in gutem Glauben nach Bremerhaven zur Abholung entsandt hatte. Von der Bundeswehr eingeleitete Nachforschungen und Untersuchungen wurden nach Monaten „auf höhere Weisung" eingestellt. Selbst das FBI (Geheimdienst der USA) war eingeschaltet und fand die Hubschrauber dann unter dem „Davidstern" wieder. Wie kommen wir dazu, Spender für fremde Kriege zu sein? Als 1965 ein Haushaltsicherungsgesetz beschlossen wurde, das die Zahlungen in der Höhe der Haushaltsansätze für das Rechnungsjahr 1965 nicht gefährdete, wohl aber mit Art. 17 eine weitere uferlose Aufstockung verhindern sollte, liefen nicht nur Israelis dagegen Sturm, sondern deutsche Bundestagsabgeordnete reisten im Ausland herum und hetzten das Ausland gegen dieses Gesetz auf. Über diese unerhörte Handlungsweise berichtet die „NZ" vom 10. Dezember 1965:

> „Der Vorsitzende des Wiedergutmachungausschusses des 4. Bundestages, MdB Hirsch (SPD), reist in Israel umher und hält Vorträge gegen das deutsche Haushaltssicherungsgesetz. Er empfiehlt und propagiert, beim Bundesverfassungsgericht Klage auf Aufhebung dieses Gesetzes wegen Verfassungswidrigkeit zu erheben. Hirsch konferierte auch mit dem israelischen Finanzminister P. Sapir!" Eine Aussprache mit dem Bundesfinanzminister und die Beachtung deutscher Belange wäre besser gewesen?

So wurde Dr. Nahum Goldmann, der am 1. August 1966 vor dem Weltkongreß erklärte „Er würde sich als Jude schämen, wenn er von Vergebung und Vergessen gegen Deutschland auch nur träumte", eine verstärkte Auszahlung von Wiedergutmachung zugesagt. Das Handelsdefizit stieg also in der BRD wiederum um Milliarden an! (Sch86) Wie von Presse und zuständigen Behörden nebst den verantwortlichen

Politikern mit den Wiedergutmachungsgeldern umgegangen wird, zeugt von dem schlechten Gewissen der Verantwortlichen und von der Angst vor der Bevölkerung, die hinters Licht geführt wurde und wird. Denn das ganze deutsche Volk weiß, wie die BRD geschröpft wird, wie der Antigermanismus in der ganzen Welt immer erneut angefacht wird. Die Feinde Deutschlands lassen keine Gelegenheit zur Hetze aus; besonders die Jugend wird im Ausland bewußt zum Deutschenhaß erzogen. Dieser Haß stellt eine unüberwindliche Barriere dar, die eine nach fast 50 Jahren selbstverständliche deutsch-israelische Normalisierung unmöglich macht. Damit müssen wir in der Zukunft rechnen. Hier herrscht eine der längst sinnlos gewordenen Spannungen zwischen jüdischer Macht und der Schwäche eines deutschen Reststaates.

In dem Heft von Barl Baßler „Die Ausraubung des deutschen Volkes" werden die unfaßlichen Ausgaben des deutschen Volkes aufgeführt, die seit 1945 erpreßt wurden.

Wir kennen und schimpfen seit Jahren über die leichtsinnigen und von unseren gewählten Volksvertretern verschenkten hohen Beträge für Entwicklungshilfe, Tributleistungen an EG (Europäische Gemeinschaft), Milliardenzahlungen an Feindstaaten unseres Volkes wie Polen – es ließe sich eine endlose Reihe aufführen.

Mit welchem Recht zahlen unsere Regierungen oder mit welchem Recht fordern die Staaten und Organisationen – ich erinnere nur an die UNO mit ihren Abteilungen, die bewußt als Feind des deutschen Volkes gegründet wurde – diese ungeheuren Milliardensummen?

Jeder Bundespräsident oder Bundeskanzler der BRD, selbst Ministerpräsidenten wie Franz Josef Strauß, schmissen bei Auslandsreisen mit Millionenbeträgen herum, mit welchem Recht?

Jährlich werden vier Milliarden Wiedergutmachung gezahlt – warum? Was ist bei einem Staat wiedergutzumachen, der Jahre vor Kriegsbeginn Kriegserklärungen abgab, der den Zweiten Weltkrieg als heiligen Krieg auslöste? Seit 1950 sind es bereits über 140 Milliarden, nach heutigem Wert sogar 270 Milliarden DM! Es handelt sich dabei um ungesetzliche Zahlen, weil sie im Widerspruch zum Grundgesetz stehen.

An Besatzungskosten werden gezahlt von 1945–1955 jährlich 6–7 Milliarden, insgesamt 70 Milliarden RM/DM, 1956–1987 jährlich 1–2 – insgesamt ca. 45 Milliarden DM. Das entspricht einem heutigen Gesamtwert von 580 Milliarden!

An verlorener Entwicklungshilfe haben die Bürger der BRD seit 1950 ca. 140 Milliarden DM gezahlt, wohlgemerkt nur an verlorener Entwicklungshilfe, die für goldene Badewannen, Luxuspaläste und Waffen aller Art ausgegeben wurden. Nach Umrechnung nach dem heutigen Wert handelt es sich um ca. 210 Milliarden!

Den dritten Posten schluckt die EG, auf die Dr. Helmut Kohl versessen ist. Er beabsichtigt mit seinem Vorhaben auch den letzten deutschen Souveränitätsanspruch zu verschenken, weil er seinen vielen Freunden, den Feinden Deutschlands, gefällig sein will.

Dabei muß festgestellt werden, daß die deutschen Zahlungen an die EG lediglich und ausschließlich der Subvention (Unterstützung) staatswirtschaftlich manipulierender Regierungen dient. Seit Bestehen der EG – die Zahlen beziehen sich alle bis auf Jahr 1987 – 100 Milliarden, 1987 zum ersten Mal sogar 10 Milliarden. Weil 1989 die Abgaben an die EG um fünf oder mehr Milliarden erhöht werden, wurden ab 1989 die Verbrauchssteuern erhöht. Der Michel kann ja zahlen, und wenn es nicht reicht EG und Europa zu finanzieren, so muß halt mehr gearbeitet werden!

INSGESAMT BELAUFEN SICH DIE GESAMTVERLUSTE
DURCH LAUFEND GEZAHLTE TRIBUTE
AUF 6450 MILLIARDEN DM FÜR BRD UND DDR!
(BRD CA. 5000 MILLIARDEN,
DDR CA. 1450 MILLIARDEN DM) (Sch.).

Nun stelle man Gehälter und Diäten von Bundespräsidenten, Kanzlern, Ministern und Abgeordneten diesen Beträgen gegenüber und überdenke, welch lächerliche Kompromisse als Siege für die Koalition bei Kinder- und Erziehungsgeld im März 1989 gefeiert wurden! Da hat man sich um 5-6 Milliarden gerauft! Um den Bestand des Volkes zu sichern, fehlte und fehlt es überall. Man fragt sich unwillkürlich, warum Israel für seine Zitrusfrüchte eine Zollvergünstigung bei der EG von 40 % eingeräumt wird?

Sogar der deutsche Botschafter Pauls machte auf einer Reise in die

BRD Wirtschaftspropaganda für Israel, wahrscheinlich aus Dank für seinen ersten Empfang als Botschafter in Israel. Bei aller Anormalität der Beziehungen BRD–Israel sollte auch ein Botschafter in Tel Aviv Verständnis für das andere Land aufbringen, aber deutlich und unwiderruflich sein eigenes Land vertreten.

Wir Deutsche können heute mit Recht sagen, daß der zionistische Staat Israel seit seiner Gründung lebens- und meist zahlungsunfähig war, daß er – natürlich hinter der USA – zu einem wesentlichen Teil von der Bundesrepublik lebt, die sich 210 Millionen Araber und fast eine Milliarde Moslems so wenig wie 17 Millionen Juden und Israelis zu Feinden machen will.

Unsere Regierungen können und müssen angesichts des geleisteten Eides und unvorstellbarer Mengen an Geldern – man spricht bereits von 140 Milliarden DM für Israel – gegen jeden Antigermanismus eintreten. Israel will leben – gut. Wir dürfen aber die Araber nicht vergessen! Israel könnte auch ohne die besetzten Teile Palästinas bestehen und in den Arabern einen Partner gewinnen, viele Ausgaben für Israels Rüstung einsparen!

Ob es nicht reicht, was Ben Gurion im Sommer 1951 in der „Jerusalem Post" erklärte? Er sagte:

> „Die Zionisten in aller Welt sind verpflichtet, dem Staate Israel beizustehen, ob die Regierung des Landes, dem die Juden den Untertaneneid geleistet haben, dies wünscht und erlaubt *oder nicht* . . . Die drei Pflichten jedes Zionisten sind: Bedingungslose Hilfe und Beistand für Israel, zwangsweise israelische Erziehung und Festigung des Zionismus (fastering of the balutzig movement)."

Gibt Ben Gurion da nicht ein Beispiel für uns Deutsche, wenn wir auf die Worte „oder nicht" verzichten? Er gibt in höchstem Maß ein Bekenntnis zum neuen Vaterland. Sollten wir nicht an diesem Beispiel lernen und unser Vaterland noch heißer lieben?

V. KAPITEL

Vom „Holocaust" am deutschen Volk

Ein Volk, dem Natur und geologische Lage einen harten Lebenskampf abverlangen, dem ein Überfluß an Brot und Naturschätzen versagt blieb, verlangt zum Überleben eine Zusammenfassung aller Energien und geistigen Kräfte zum Fortbestand und dem Wohle der Gesamtheit. Das deutsche Volk entwickelte sich in der Mitte Europas und war mit offenen Grenzen dem Zugriff seiner Nachbarn preisgegeben. Es wurde nicht gefragt, ob es damit einverstanden ist oder nicht. Es mußte sich durchsetzen, um mit seiner ungünstigen geographischen Lage seinen Auftrag zu erfüllen: die Vermittlung zwischen den anderen europäischen Völkern als Machtzentrum.

Die Geschichte der Deutschen lehrt, daß sie sich immer nach allen Himmelsrichtungen gegen Angriffe neidischer, feindlich gesinnter Staaten zu verteidigen haben. Wir kennen den fünfhundert Jahre währenden Kampf gegen das angreifende Rom, das mit seinem Untergang in der Schlacht bei Adrianopel im Jahre 378 endete. Wir kennen die Abwehrkämpfe gegen die aus Asien einfallenden Völkerstämme wie den Kampf gegen die katholische Kirche, als sie die Germanen zum Christentum bekehren wollte. Millionen Germanen und Deutsche blieben auf der Strecke. Nach dem Dreißigjährigen Krieg überlebten nur 7–8 Millionen Deutsche!

Auch in diesem Jahrhundert führten gewaltige Mächte gegen das Reich einen Krieg, den sie bereits seit Bismarcks Reichsgründung im vorigen Jahrhundert planten und zielbewußt vorbereiteten. Viele Jahrzehnte forderten daher von jedem deutschen Bauern, Handwerker, Kaufmann und Wissenschaftler, jedem Arbeiter und jeder deutschen Frau den letzten Einsatz. Obwohl fast die ganze Welt gegen das deutsche Volk zweimal zum Krieg aufgerufen wurde, gelang es den von internationalen Mächten beherrschten Regierungen nicht, die Deutschen zu vernichten. Die Kampfführung der Deutschen war so diszipliniert und hart, wie überlegen, daß die feindlichen Armeen Jahre hindurch keinen entscheidenden Erfolg erringen konnten. Doch zuletzt siegten Übermacht und Verrat. Mit völkerrechtswidrigen Handlungen und schnödem Betrug wurde das deutsche Volk 1918 mit den Wilson'schen Punkten und 1945 mit der bedingungslosen Kapitulation betrogen.

Allein nach dem Waffenstillstand 1945 wurden 4,7 Millionen deutsche Frauen, Kinder, Greise und deutsche Kriegsgefangene abgeschlachtet, in besonders „kultivierten" Staaten wurden sie von Panzern überrollt, als brennende Benzinfackeln oder als an Scheunentore genagelte Wracks umgebracht. Der Partisanenhäuptling Tito ließ sogar 3 500 gefangene deutsche Soldaten auf der Insel Rab in einem Betonbunker lebendig einmauern.

Das hat nichts mit dem Nationalsozialismus zu tun, den das deutsche Volk bis auf eine kleine Minderheit bejaht hat. Das war eine aus Haß und Neid geborene Kulturschande der Siegermächte von 1945. Mittlerweile muß es dem Dümmsten klar geworden sein, daß durch das Dritte Reich der Kommunismus wenigstens an der Oder-Neiße-Linie aufgehalten wurde! Dadurch wurden die 1789 in den Himmel gelobten Errungenschaften der Französischen Revolution mit ihren Phrasen Freiheit – Gleichheit – Brüderlichkeit zur Farce und Utopie. Längst haben Wissenschaftler festgestellt, daß Marx, Freud und Einstein Phantasten waren, ihre Lehren nicht lebensfähig sind und allen Gesetzen der Natur widersprechen. Sie waren, wenn wir hier ein systematisches Vorgehen vermuten dürfen, zur Verdummung der Menschheit erdacht und sollten den Weg zur „Eine-Welt-Regierung" jener Macht vorbereiten, die dafür allein in Frage kommt. Die Natur läßt sich aber nicht verspotten! „Die Heiligkeit des Lebens muß das Maß allen Denkens und Handelns als höchster sittlicher Wert unserer Werteordnung sein!" (B) Der Kosmos mit seinen eisernen, unverrückbaren Gesetzen und unablässig fortschreitender Entwicklung der Arten in allen Lebensbereichen wirkt gegen jeden verbrecherischen Wahnwitz von Menschen, die die Naturgesetze nicht beachten. Der Kosmos bringt selbst alle teuflisch erdachten Wege zur Zerschlagung und Auslöschung stammesgeschichtlich gewachsener, gesunder Völker zum Stillstand. Nur die zutiefst Kranken tilgt er aus.

In allen Phasen ist die Natur gegen eine Gleichheit aufgebaut, weil nur in der Vielfalt, also in der Verschiedenheit und der Auslese zu einer Elite eine jede Fortentwicklung sinnreich und möglich ist. Die nach dem marxistischen Gleichheitswahn zu schaffenden Massenmenschen haben keine Aussicht auf Fortbestand, weil sie sich nur zurückentwickeln und absterben. Nur Unterschiede in Anlagen, Größen und Formen gewährleisten im Pflanzen- und Tierreich wie bei den Völkern eine fortschreitende Entwicklung zu weiterer Vervollkommnung, wenn durch besondere Zuchtwahl eine herausragende Elite entsteht.

Jedes Volk ist nach seinem Lebensraum geartet und somit jedem anderen ungleich in der Gesamtveranlagung. Es kann kein Volk einem anderen gleichen, auch ist kein Volk besser als ein anderes. Es ist nur anders, hat eine andere Mentalität sowie andere Veranlagungen und Begabungen, die sich nach dem Lebensraum entwickelt haben. So ist auch jedem Volk vom Kosmos eine andere Aufgabe zugeteilt, die es lösen muß, um seinen Daseinszweck zu beweisen. Sonst wird es vom Kosmos ausgemerzt.

Weil das deutsche Volk besondere schöpferische und dynamische Gaben hat und eine genetische Gemeinschaft bildet, die über Millionen Generationen von Lebewesen auf uns gekommen ist (B), unterscheiden wir uns von allen anderen Völkern in unserer Geisteshaltung, in unserem Gang und Gehabe wie in der Sprache und damit in der Kultur. Besonders auf geistigem Gebiet konnten wir der Welt Maßstäbe setzen wie nur wenige andere Völker. Denken wir nur an all die Erfindungen und Klassiker, die Schöpfungen in Musik und Kunst in den letzten Jahrhunderten!

Darum verunsicherten und beunruhigten wir verschiedentlich andere Völker und besonders unsere Nachbarn. Mit unserem Arbeitseifer und großen Leistungen brachten wir Unruhe und Ängste in ihren Lebensablauf. Daneben kam Neid auf wegen unseres erfinderischen Schaffens auch als Habenichtse. Weil wir Deutschen dazu noch die zahlreichste Nation in Europa waren und sind, vom Lebensraum her eine zentrale Macht, stehen wir den Plänen der internationalen Großmächte überall im Wege.

So wurde viele Jahrzehnte von unseren Feinden die Vernichtung des deutschen Volkes vorbereitet und zielstrebig geplant. Alle Kräfte, die gegen unser Volk eingesetzt werden konnten, wurden zusammengefaßt. Darunter befand sich auch in langen Jahrhunderten die Weltmacht Rom mit den Jesuiten. Das fand in der Neuzeit Fortsetzungen als konfessionell gemischte Staaten entstanden, auch die derzeitige Lage bildet keine Ausnahme. Immer wurde versucht, die Elite auszumerzen: bei der Missionierung, bei den Kreuzzügen, bei den Adligen, die zu 5% Mönch oder Nonne wurden, bei den Hexenverbrennungen und im Dreißigjährigen Krieg. Zwischen 10. und 13. Jh. starben hunderte deutscher Adelsfamilien dadurch aus.

Hinzu kommt der Einstieg der Kirchen in die Politik. Er wurde nach 1945 wieder so stark, wie er einmal im Mittelalter zum Schaden unseres Volkes in Erscheinung getreten ist. Die Kirchen verfolgen Ziele, die den Interessen des deutschen Volkes oft zuwiderlaufen. Mit politischen Erklärungen, die den Kirchen nicht zustehen, wurden für die Zukunft große Schäden verursacht. Eine Bevormundung durch die Geistlichen, bei denen die Kirchen der Reformation vorangingen, hat sich nachteilig ausgewirkt. Der politische Katholizismus hat Versailles mitgeschrieben und den Kaiser mitgestürzt. Der Papst Benedikt XV. betete 1918 zu Gott, daß dieser das vollenden möge, was das Versailler Diktat nicht vermochte.

Im „Compendium Theologiae Moralis" von 1875 heißt es inmitten des sog. „Kulturkampfes" wie bei Gregor VII., „daß die katholischen Fürsten die Interessen ... der Katholischen Kirche grundsätzlich über die politischen Interessen der von ihnen regierten Völker und Staaten zu stellen haben" (M8–11). Die „moraltheologischen" Auslassungen der Jesuiten Gury, Ballerini, Pachtler, von Ketteler und Lehmkuhl, die nicht etwa private Meinungen wiedergeben, laufen bis zum Zentrum 1882, als Graf Ballestrem in Mainz sagte:

„Wir, das Zentrum, sind unzertrennlich vom Papst. Wir betrachten uns als eine Garde seiner Heiligkeit in Rom."

Heutige Auslassungen und Geldspenden an kommunistische Organisationen stellen eine Verbindung zu den internationalen Mächten dar.

Aus dem II. Kapitel konnte man erkennen, wie gezielt und organisatorisch gekonnt jede nur mögliche Propaganda gegen das Deutsche Reich vom Zaune gebrochen wurde. Die größte Schurkerei der Siegermächte ist der „Holocaust" am deutschen Volk, der durch ein verbrecherisches, geschichtsfälschendes Gespinst seit fast 45 Jahren gesponnen wird. Alle, die uns lauthals Verbrechen vorwerfen, haben bisher noch keinen gerichtsnotorischen Beweis für jene behaupteten Verbrechen erbracht. Es gibt nur Behauptungen über Vergasungen in unglaubhafter Höhe, die sogar von Deutschen aller Schichten immer erneut wiederholt werden, um in den Gewissen der Deutschen eine untilgbare Schuld zu verankern, die selbst kommenden, noch ungeborenen Generationen selbstverständlich erscheinen soll.

Diese Mühlen arbeiten, von unsichtbarer Hand gesteuert, Tag und Nacht im In- und Ausland, auch bei all den „Freunden" von Helmut Kohl und sind für den nationalen Deutschen eine Nervensäge, weil er nichts dagegen unternehmen kann. Gegen all die aufgebauschten oft sogar erfundenen Berichte über Judenverfolgungen bis 1938 – nicht *alles* ist unwahr – möchte ich Frau Prof. Dr. Hannah Arendt zitieren. Sie bestätigt, daß

> „bis 1938 Juden auch gewisse freie Berufe haben ausüben können, daß die entlassenen Beamten ihre Pensionen erhalten, die jüdische Auswanderung sich in diesen Jahren ohne Überstürzung, in geordneter Weise vollzogen hat und daß es möglich ist, den größten Teil des Geldes mitzunehmen. Ähnliche Vorschriften wie die Nürnberger Gesetze hätte das rabbinische Familiengesetz schon immer enthalten. Dieser Personalstatus jüdischer Bürger forderte, daß kein Jude einen Nichtjuden heiraten dürfe, völkische Unterschiede also juristisch erfaßt seien. Auch die 1953 begonnene Verweltlichung des israelischen Familienrechts hinderte die zionistische Regierung nicht, ein Gesetz beizubehalten, das die Verheiratung mit Nichtjuden verbietet." (St284)

Die jüdische Professorin hat also sachlich geschildert, daß die „Nürnberger Gesetze" heute im Gesetz des Staates Israel enthalten sind, was die Verheiratung mit Nichtjuden anbetrifft. Mir sind aus jener Zeit noch Äußerungen von Rabbinern bekannt, die sich über diesen

Passus freuten, weil sie ihre Schäflein auf diese Weise wieder in den Griff bekamen. Eine Verschmelzung mit der deutschen Bevölkerung hatte sich schon ungünstig bemerkbar gemacht.

Die Evakuierung der Juden und ihre Zusammenfassung in Lagern außerhalb Deutschlands ist dagegen eine Internierungsmaßnahme, wie sie mit den Deutschen und Japanern z. B. bereits ab 3. Sept. 1939 im Ausland durchgeführt wurde. Für die Japaner mit US-Staatsangehörigkeit ist zu bemerken, daß die Internierung wie bei den Juden deutscher Staatsangehörigkeit erfolgt ist. Gilt da heute der Spruch „Quod licet iovi, non licet bovi"?

Die Juden waren, wenn auch nicht völkerrechtlich, so doch in der Tat eine kriegführende Nation, die dem deutschen Volk den Krieg „bis zur totalen Vernichtung" erklärt hatte. Hat das nun 1945 geendet? Nur Optimisten können dies glauben. Die Internierung anfangs der vierziger Jahre erfolgte wegen der sich verstärkenden Spionage als Selbstschutzmaßnahme des Reiches. Es war der Feindpropaganda vorbehalten, diese Maßnahme zu verteufeln.

Festzuhalten ist, „daß 1934 allein 120 000 Juden mit Hunden und Katzen das Dritte Reich in Richtung Palästina verlassen konnten" (Burg 2/84). Alle Pläne für eine weitere Auswanderung und vor allem Pläne, die Juden nach der Auswanderung sicherzustellen, wurden von Chaim Weizmann, dem König der Juden laut Golda Meir bewußt vereitelt. Es ist bekannt, daß Dr. Schacht bereits die Zustimmung von Montague Norman, dem Gouverneur der Bank von England, dazu erhalten hatte (EV 182/183). Wie gegen die Auswanderung von England gearbeitet wird, zeigt sich, als der Kolonialminister, MacDonald, die Einreise von 10 000 jungen deutschen Juden nach Palästina ablehnt. Die Bitte hierzu wurde am 23. Nov. 1938 vom Britisch-Israelischen Beirat vorgebracht. Dr. Schacht konnte in Nürnberg am 31. August 1946 hierzu erklären, daß „kein einziger deutscher Jude ums Leben gekommen wäre, hätte man den im Dezember 1938 vorgetragenen Plan durchgeführt".

Was für Gedanken sich unsere Gegner darüber machten, was mit der Intelligenz des deutschen Volkes zu geschehen hat, und welche Maßnahmen sie dafür einleiteten, ist unglaublich.

Wir wissen, daß

... der amerikanische Kongreß bereits 1940 – also ein Jahr vor Kriegsbeginn mit den USA! – das „Institut für Jüdische Fragen" schuf, das die Vorarbeiten für eine Bestrafung der deutschen Führung nebst einem hohen Maß von Wiedergutmachung zu führen hatte. Wie waren die Vereinigten Staaten von Amerika doch neutral!

... der Gedanke an einen „Kriegsverbrecherprozeß" wie 1918 aufkam, daß dieser Gedanke letztlich von dem Mitglied des Obersten Gerichtshofes, Robert H. Jackson, aufgegriffen wurde, um die Führungskräfte des deutschen Volkes, Politiker, Wissenschaftler und Militärs zu bestrafen.

... der Jüdische Weltkongreß mit den beiden Brüdern Jacob und Nehemiah Robinson unter großem amoralischem Einsatz die gedankliche und vor allem die „moralische" Vorbereitung für die Nürnberger Siegerjustiz schaffen mußte (E63–66).

... es damals kein Gesetz gab, wonach man eine Kriegführung als Vergehen gegen die Menschlichkeit oder Untergebene für die korrekte Ausführung von Befehlen ihrer Vorgesetzten bestrafen konnte.

... diese Paragraphen der Militärgesetze allein für Nürnberg und die deutschen militärischen und politischen Führer erfunden und angewandt wurden und seitdem nie wieder, trotzdem seit 1945 schon 159 Kriege in der Welt ohne Deutschland geführt wurden.

... der gegen alle juristischen Prinzipien und Ansichten verstößt, der jemand für etwas bestraft, für das es bisher kein Gesetz gab und dies nach internationalem Recht verboten ist.

Jeder Deutsche muß sich darüber klar werden, daß die gegen das Deutsche Reich erhobenen Vorwürfe, die Verbrechen an Juden betreffen, wie auch andere Verbrechen erst bewiesen werden müssen. Zu Kriegsbeginn steht es den kriegführenden Mächten frei, die im eigenen Land befindlichen Angehörigen von Feindstaaten zu internieren. Ich verweise darauf, daß in England am 3. Sept. 1939 sogar die Wiener Sängerknaben ins Lager wanderten und erst nach wiederholten Protesten freigegeben wurden.
Das deutsche Reich war gegenüber den Juden in der gleichen Lage wie die USA gegenüber ihren Staatsbürgern japanischer Herkunft.

Anders als die US-Japaner hatten jüdische Weltorganisationen seit 1932 „den heiligen Krieg" gegen das Deutsche Reich erklärt, z. B. in Paris durch Bernart Lecache, den Präsidenten der Jüdischen Weltliga. Das hatte Folgen unerfreulicher Art. Dennoch setzten die wirklich schwerwiegenden Maßnahmen des Reiches gegen seine jüdischen Bürger erst viel später, am 5. November 1941, ein. Man erinnerte sich, daß im Jahre 1914 rund 100000 Juden für Deutschland als Soldaten gekämpft hatten, daß Tausende dieser Soldaten wegen Tapferkeit ausgezeichnet worden waren, daß 12000 Juden ihr Leben für Deutschland gegeben hatten. So wurden in den ersten Jahren nur solche Juden eingesperrt, die etwas gegen das Reich unternommen hatten. Alle anderen konnten mit ihrem Vermögen ausreisen, soweit sie in anderen Ländern Aufnahme fanden.

Wußten Sie, daß

... Otto Hirsch als geschäftsführender Vorsitzender der Reichsvertretung der deutschen Juden noch 1939 und 1940 nach London und Budapest fahren konnte, um die Auswanderung Tausender Juden zu ermöglichen und zu organisieren? (Stgt. Ztg. v. 9. 01. 1985)
... Historiker feststellten, daß von 540000 Glaubensjuden, die 1933 im Deutschen Reich lebten, mindestens 317000 durch Otto Hirsch ausreisen konnten? (Stgt. Ztg. v. 9. 01. 85))
... zwischen 1933 und 1941/1942 insgesamt 557357 deutsche und österreichische Juden gesetzlich und normal aus dem Gebiet des Großdeutschen Reiches, größtenteils unter Mitnahme ihres Vermögens, ausgereist sind? (Leiter der wissenschaftlichen „Dokumentationszentrale des zeitgenössischen Judentums" in Paris)
... die bekannte jüdische Geschichtsphilosophin Prof. Hannah Arendt im Zusammenhang mit Fotoaufnahmen bemerkt hat:

„Es ist nicht unwichtig, sich klarzumachen, daß alle Aufnahmen von Konzentrationslagern insofern irreführend sind, als sie Lager im letzten Stadium zeigen, im Moment des Einmarsches der alliierten Truppen . . . "

„Was auf die Alliierten so empörend wirkte und das Grauen der Filme ausmacht, nämlich die zu Skeletten abgemagerten Menschen, (ist) für die deutschen Konzentrationslager nicht typisch gewesen . . . Der Zustand der Lager war eine Folge der Kriegsereignisse in den letzten Monaten." (H. Arendt, S. 704, Fußnote)

Es scheint sicher, daß von Einsatzgruppen des Staatssicherheitsdienstes (SD) verschiedentlich Juden erschossen wurden. Dies geschah im Partisanenkrieg. Grundsätzlich wurde ihnen nichts angetan, wenn kein Vergehen nachzuweisen oder dringend zu vermuten war. Bei der Auseinandersetzung mit den Partisanen in Polen und Rußland wurden sämtliche Partisanen, auch Juden, sofort bei der Gefangennahme erschossen, wenn sie mit der Waffe in der Hand und in Zivil angetroffen wurden. Man muß sich vergegenwärtigen, daß jeder deutsche Soldat, der in Partisanenhände geriet, auf grausamste Weise verstümmelt und umgebracht wurde. Da die Führung der Partisanen sehr oft in jüdischen Händen lag, wurden viele Juden als Partisanen von der deutschen Truppe erschossen. Sie gehörten keiner regulären Truppe an, trugen keine Uniform und waren nach internationalem Kriegsrecht zu behandeln.

Polen betrieb eine ganz infame Hetze gegen die deutsche Minderheit. Über eine Million Deutsche wurden bis 1939 vertrieben, bedrängt, erschlagen und mißhandelt. Ich erinnere nur an Ostoberschlesien, das 1921 mit 60% für Deutschland abgestimmt hatte und einfach vom polnischen Staat vereinnahmt wurde. Dabei kam es zu unmenschlichen Orgien der Korfanty-Banden gegen die einheimische Bevölkerung.

Ich erinnere an die Einfälle nach Schlesien, den Abwehrkampf am Annaberg und die wiederholten Truppenaufmärsche an unserer Ostgrenze gegenüber Schlesien, an die unmenschliche Behandlung der deutschen Minderheiten in Polen ab März 1939 bis zum Beginn des Polenfeldzuges. Haß und Zorn hatten sich im deutschen Grenzvolk aufgeladen, die sich durch die feindliche Kriegsbarbarei von 1939 – 1945 verstärkt hatten, mitunter auch zu Ausschreitungen führte. Genauso ist bekannt, daß gegen alle Ausschreitungen sofort und streng durchgegriffen wurde. Selbst Kommandanten von Konzentrationslagern wurden vor den angetretenen Lagerinsassen gehenkt.

Aber die behaupteten Morde an Zigeunern, Polen, Russen und Juden mit Millionenzahlen sind nicht nur Legende, sondern meist bewußte Verleumdungen und Lügen, die sich eine rücksichtslose Feindpropaganda ausgedacht hatte und heute noch gebraucht.

Selbst der britische Militärhistoriker Liddell Hart bestätigt, daß die britische Strategie und Taktik des Bombenterrors gegen die deutsche Zivilbevölkerung (bereits Wochen vor deutschen Gegenmaßnahmen wie. z. B. Coventry) die unzivilisierteste Art der Kriegführung darstellte.

Wenn man auch gern alle Schuld den Deutschen anhängt, große Schuld an der negativen Entwicklung des deutsch-jüdischen Verhältnisses tragen bestimmte Juden selbst. Sie saßen bei unseren Feinden in den beherrschenden Stellungen bereits im Frieden und erst recht im Krieg. Sie heizten die verletzende und beleidigende Deutschenhetze weiter an und lehnten alle wohlgemeinten Friedensangebote des Reiches in den Jahren 1939 und 1940 höhnisch ab. Sie waren es, die die Auseinandersetzung mit Polen zum europäischen und diesen zum Weltkrieg ausweiteten, nicht aber das Deutsche Reich.

Wußten Sie, daß
... die Westerplatte im Danziger Hafengebiet Neufahrwasser liegt und nicht auf polnischem Gebiet?
... das deutsche Linienschiff „Schleswig-Holstein" nicht auf polnisches Gebiet geschossen hat und die beschossenen Befestigungen der Polen mitten im Danziger Hafen lagen?
... die Westerplatte mit schweren Geschützen ausgestattet und damit stärker war als das deutsche Linienschiff, das bis zum 7. Sept. 1939 kämpfen mußte?
... deutsche Verkehrsflugzeuge von polnischer Luftabwehr schon Tage vor dem 1. Sept. 1939 beschossen wurden?

Wissen Sie nun, daß Polen so verhetzt war, daß es im Auftrage von Washington und London den Polenfeldzug und damit den Zweiten Weltkrieg als Handlanger mit Freifahrtschein begann?
Es ist bekannt und selbst von Leuten wie Heinz Galinski und Simon Wiesenthal nicht zu bestreiten, daß die Auswanderung vor allem der deutschen Juden vom Dritten Reich gefördert wurde. Das geschah trotz aller Widerstände des Auslands und des „Königs der Juden", Chaim Weizmann. Er hatte schon 1934 dem Unterhändler, Colonel Meinertzhagen, wütend entgegnet:

„Mich würde es wenig genieren, wenn über Deutschland die Cholera oder der Bolschewismus kämen . . . Eher will ich den Untergang der deutschen Juden sehen als den Untergang des Staates Israel für die Juden."

Aber das Deutsche Reich führte mindestens seit 1934 laufend Verhandlungen im Ausland, um die Auswanderung der Juden abzusprechen. Schacht führte Verhandlungen mit Montague Norman, um eine Milliarde Pfund aufzunehmen, die den zur Auswanderung bereiten Juden zur Verfügung gestellt werden sollte. Das Reich wollte dafür die Garantie übernehmen. Chamberlain war einverstanden, nicht aber Dr. Chaim Weizmann. Man wollte jüdischerseits das deutsche Judenproblem nicht erleichtern.

Dr. Schacht hatte vorläufig nur die 500 000 nach 1919 aus Osteuropa eingewanderten Juden dafür vorgesehen . . . Die seit vielen Jahren ansässig gewesenen Juden sollten ihr Heimatrecht behalten.

Auch nach dem Westfeldzug unternahm Dr. Schacht erneut den Versuch, die Emigration der Juden zu erreichen . . . Wiederum in Hitlers Auftrag! Diese Aussagen blieben auch in Nürnberg unwidersprochen, weil sie unwiderlegbar sind (Eukorr 401/402, IX–XII 1988, S. 7/8).

Warum ich diese Dinge anführe? Weil damit bewiesen wird und ist, daß kein Ausrottungsplan und keine „Endlösung" im Sinne eines Ausrottungswillens bestanden haben, es keinen Befehl und keine Anordnung dafür gab. Es ist doch verständlich, daß jeder ausgewanderte Jude ein als Soldat handelnder Feind des Reiches werden konnte, konnte er doch die jüdische Armee zum Nachteil des Reiches verstärken! Auswanderung und Ausrottung schließen doch einander aus, wenn man ein bißchen nachdenkt.

„The AMERICAN HEBREW" bringt am 3. Juni 1938 den Absatz:

„Es ist offenkundig geworden, daß eine Verbindung von Britannien, Frankreich und Rußland früher oder später Hitlers Triumphmarsch stoppen wird . . . In den Händen von Nichtariern liegt das Schicksal und Leben von Millionen."

In Frankreich ist es der Jude Léon Blum, Maxim Lizwinow ist die rechte Hand Stalins, der prominente Jude in England ist Hore

Belisha. So ist es möglich, daß diese drei Söhne Israels einen Block formen werden, der den rasanten Nazidiktator in die Hölle schicken wird."

Eine andere Vergiftungsparole ist die Behauptung, die von den Bundeskanzlern und anderen immer wieder als objektive Unwahrheit über uns Deutsche ausgesprochen wurde, daß Hitler den Zweiten Weltkrieg vom Zaun gebrochen habe. Ich erinnere an all die geifernden Beschuldigungen, die dem deutschen Volk eine immerwährende Mitschuld einimpfen sollen.

Heute ist erwiesen, daß der Zweite Weltkrieg über Polen mit dem Frankreichfeldzug zum europäischen und mit Eintritt der USA zum Zweiten Weltkrieg bewußt hochgespielt wurde. Nur eine Machtgruppe hatte daran Interesse und nur diese fanatische Mannschaft internationaler Kriegstreiber hatte den Gewinn an diesem Völkerringen, das viele Millionen unschuldiger Menschen verschlang. In den 50 vergangenen Jahren seit 1939 konnten wir die Ziele dieser Machtgruppe erkennen. Es läßt jeden nachdenklichen Menschen erschaudern, wie lebensvernichtend, völkervernichtend und ohne Rücksicht auf die Naturgesetze dieser Erde die einseitigen Ziele der „EINE-WELT-REGIERUNG" angesteuert und die erforderlichen Grundlagen ausgebaut werden.

Sicherlich wird mir jemand einwenden, daß Hitler den USA mit Mussolini am 7. Dezember 1941 den Krieg erklärte. Dies war keine „größenwahnsinnige Handlung", sondern die Herstellung des tatsächlichen Kriegszustandes zwischen dem Reich und den Vereinigten Staaten von Amerika, weil diese seit 1939 mit militärischen Geleitzügen und Waffenlieferungen an Großbritannien gegen die Neutralität der USA verstoßen hatten. Es ist heute ebenso erhärtet, daß Franklin Delano Roosevelt in engster Verbindung mit weltjüdischen Organisationen und ihren Anhängern den Zweiten Weltkrieg über London-Paris erzwungen hat. Ohne den US-Präsidenten Roosevelt hätte es 1939 keinen Krieg gegeben! Es sei denn, man hätte einen anderen Strohmann berufen.

Wie berechtigt die Verbringung der jüdischen Bevölkerung in Lager zur Internierung und Ausschaltung aus dem öffentlichen Leben war, beweist wiederum Chaim Weizmann in einer Rede, die er auf dem jüdischen Weltkongreß 1942 hielt und dazu in seinem Buch „TRIAL AND ERROR" auf Seite 417 drucken ließ:

„Wir leugnen es nicht und haben keine Furcht, die Wahrheit zu bekennen, daß dieser Krieg unser Krieg ist und zur Befreiung des Judentums geführt wird ... Stärker als alle Fronten zusammen ist unsere Front, die Front des Judentums. Wir stellen diesem Krieg nicht nur unsere volle propagandistische Macht zur Verfügung, die die moralische Triebkraft zur Aufrechterhaltung des Krieges ist .... Und wir *sind das trojanische Pferd in der Festung des Feindes.* Tausende in Europa lebende Juden sind der Hauptfaktor bei der Vernichtung des Feindes."

Wer kann bei all diesen eindeutigen Erklärungen und Vorbereitungen zum Kriege gegen das Deutsche Reich heute noch von einer Schuld des Reiches sprechen, wenn es sich zur Verteidigung erhoben hat? Das deutsche Volk wollte keinen Krieg, es hatte mit seinem Aufbau ab 1933 genug mit sich selbst zu tun. Hitler hatte immer wieder seinen Friedenswillen kundgetan. Auch die Schaffung des Protektorates war eine Verteidigungsmaßnahme, weil die Sowjetunion an der Grenze auf Roosevelts Anraten mit Luftgeschwadern und Truppen lauerte, um in die Tschechei einzufallen. Der sowjetische Marschall Woroschilow hat es doch bekannt!

Dem Reichskanzler blieb gar nichts anderes übrig, als das aufsässige Polen mit seinem Fanatismus zur Ordnung zu rufen, nachdem alle wohlgemeinten und äußerst großzügigen Vorschläge zur Regelung des Korridorproblems von Warschau immer wieder großkotzig abgelehnt wurden.* Ich habe als junger Mensch die Korridorprobleme kennengelernt, war erschüttert über das, was ich sah. Außer den Grenzdeutschen hatte kaum ein Deutscher im Reich von diesen Zuständen eine Ahnung.

Tausende Deutsche waren in Polen einem Terror ausgesetzt, der seit Monaten, z. Teil seit Jahren währte. Über 70 000 waren 1939 über die grüne Grenze ins Reich geflüchtet. Tausende wurden auf langen Märschen in entlegene Konzentrationslager gebracht. Unterwegs waren sie unflätigen Bewachungsmannschaften ausgeliefert. Erschossene Deutsche waren die Markierungen dieser grausamen Märsche.

---

* Oktober 1938 und 1939 im August mit den 16 Punkten, wo selbst die 1918/19 geraubten Gebiete polnisch blieben (s. Karte S. 19).

114

Sollte Hitler dies weiterhin mitansehen, seitdem er schon ab März 1939 immer härtere Maßnahmen gegen Deutsche zur Kenntnis nehmen mußte?

Eine italienische Friedensoffensive Mussolinis wird von Hitler noch bereitwilligst am 2. September 1939 bejaht. Doch Halifax kontert gerissen, als er den Rückzug der deutschen Armeen nicht nur aus Polen, sondern sogar aus Danzig fordert. Bonnet, der französische Außenminister, widersetzt sich dieser Forderung, weil er sie für undurchführbar hält. Während Paris und London noch streiten, erklärt Halifax dem italienischen Außenminister Graf Ciano seelenruhig, daß Paris ebenfalls dem Rückzug der deutschen Truppen aus Polen zugestimmt habe und eine Friedenskonferenz daher zwecklos sei(!).

Daraufhin zieht Mussolini seinen Vorschlag zurück. So hat Lord Halifax auf diese verbrecherische Weise seinen Krieg gegen das Reich – auch ohne Rücksicht auf die Folgen für das Empire – erreicht. Am 3. September 1939 erklärt er als britischer Außenminister: „Jetzt haben wir Hitler zum Krieg gezwungen, so daß er nicht mehr auf friedlichem Wege ein Stück des Versailler Friedens nach dem anderen aufheben kann."

Es muß auf die Millionenzahlen für ermordete Polen und Zigeuner eingegangen werden, die dem deutschen Volk immer wieder angelastet werden. Es dürfte bekannt sein, daß Hitler sehr bald nach dem Polen- und Westfeldzug die Kriegsgefangenen nach Hause schickte. In Frankreich auf einmal gleich 400 000 Franzosen! In Polen war es nicht anders. Nur die Offiziere blieben in Kriegsgefangenschaft. Polnische Offiziere konnten im Gefangenenlager bei polnischen Professoren ihre Universitätsstudien bis zum Abschluß beenden, Sport treiben und Care-Pakete empfangen. Den Amerikanern erging es nicht anders.

Was ist mit den Zigeunern geschehen? Vor 1939 gab es im Reich nur etwa 20 000 Zigeuner. Diese sollen alle ermordet worden sein? Oder, wie andere behaupten, sterilisiert worden sein? Das sind reine Lügen, das kann doch gar nicht stimmen, wenn jetzt in der BRD 50 000, in der DDR 20 000 und als Gastarbeiter bei uns nochmals 30 000 leben sollen? Die Zahl der „Sinti" ist etwa zweieinhalbmal höher als vor dem Zweiten Weltkrieg!

Von den „Roma", einem anderen Zigeunerstamm, gab es vor 1939 in ganz Europa rund eine Million. Gratton Puxon, der ehemalige Gene-

ralsekretär der Roma-Union, schreibt im Rororo-Buch Nr. 4430 auf
Seite 29: „Mit rund sechs Millionen sind die Roma die größte, nicht
territorial gebundene nationale Minderheit in Europa." Ihre Zahl habe
sich seit 1939 versechsfacht. Auch hier hat der so oft und verantwortungslos behauptete Völkermord nie stattgefunden! Der Bundeskanzler Kohl hat dem deutschen Volk ein X für ein U vorgemacht, als er von
hunderttausenden ermordeter Zigeuner sprach!
Udo Walendy stellt dazu in „Historische Tatsachen" Nr. 36 fest:

> „Ich will Ihnen den besonderen Fall schildern mit dem Heft Nr. 23, in dem
> ich nachgewiesen habe, daß die endgültige Ermordung von 500 000 Zigeu-
> nern während des Krieges durch die Deutschen eine erst 1972 erfundene
> Geschichte ist, von der vorher niemand etwas wußte und für die es bis heute
> keinerlei Beweise gibt. Da Bundeskanzler Kohl am 7. November 1985 in
> einer Bundestagsdebatte diese Mordziffer ebenfalls als historisches Faktum
> hingestellt hatte und sein Amt nicht bereit war, diesbezügliche Unterlagen
> zur Nachprüfung bekanntzumachen, habe ich den Bundeskanzler wegen
> Volksverhetzung, Rassendiskriminierung und Amtseidbruch bei der Staats-
> anwaltschaft angezeigt. Der Generalstaatsanwalt hat die Anzeige niederge-
> schlagen. Kohls Äußerung sei nicht strafbar. Mehr konnte ich nicht tun. Nur
> es muß doch klärbar sein, ob jene Zigeuner ermordet worden sind oder nicht!
> Ich habe die Faktenlage auf den Tisch gelegt, Bundeskanzler Kohl und seine
> Literaten nicht. Und so wie in diesem Fall wird doch gleichermaßen mit den
> Millionenziffern verfahren!"

Was soll ein Bundesbürger dazu sagen, daß Lügen und üble Verleumdungen dieser Art bei hochgestellten Persönlichkeiten der Bundesrepublik von den Staatsanwälten niedergeschlagen werden? Der kleine
Mann, der eine nationale Äußerung macht, kann dagegen mit Haus-
durchsuchung und langer Untersuchungshaft rechnen, trotzdem er
nur die Wahrheit gesagt hat! Aber wir lebten nur in den dreißiger
Jahren in einer Diktatur oder nicht?
Die angeführten Tatbestände werden durch Dr. Streck erhärtet,
einem Tziganologen, der festgestellt hat, „daß ein konzipierter und in
die Tat umgesetzter Plan zum konsequenten Genozid (Völkermord)
der Zigeuner nicht rekonstruiert werden könnte" (Ev325/326). So ist
auch der Völkermord an den Zigeunern ein weiteres, schauriges
Märchen der öffentlichen Meinungsmacher, um dem deutschen Volk
eine weitere Schuld aufzubürden, die nicht bewiesen werden kann.

Bei Loren mit Leichen, die immer wieder im Fernsehen, im Deutschen Fernsehen wohlgemerkt (!), gezeigt wurden, bei Filmen über Dachau zum Beispiel, handelt es sich um Loren, in denen die Toten des Bombenterrors in Dresden aus den Februartagen des Jahres 1945 geborgen wurden. Dresden, eine unverteidigte, wie man sagt, eine offene mit Rotkreuzplanen gekennzeichnete Stadt, wurde dreimal von den „Soldaten Christi" zur ewigen Schande der anglo-amerikanischen Luftwaffe ohne plausiblen Grund angegriffen, um schutzlose deutsche Menschen, darunter um die 500000 Flüchtlinge mit ihren Trecks umzubringen. Den dritten Angriff befahl Churchill, der eine jüdische Mutter hatte, den gerade heimgekehrten Piloten, um die auf der Flucht nach Chemnitz befindlichen Deutschen in Phosphorflammen verglühen zu lassen, die der Dresdener Hölle gerade entkommen waren! Die Zahlen von nur 35000 oder 60000 toten Deutschen in Dresden sind manipulierte Zahlen, unverschämte Lügen, die von der Presse wohl wider besseres Wissen immer wiederholt werden, trotzdem der erste Polizeibericht schon von 204040 Toten spricht. Mittlerweile haben Experten eine Zahl von 680000 Toten und Verletzten errechnet. Aber es gibt kein Lexikon, keine „Enzyklopädie", weder von Brockhaus noch von Meyer, welche die wahren Zahlen anführt. Sie bringen nur – wie Presse und Fernsehen – gefälschte Angaben im Auftrag der Umerzogenen, also letztlich der Umerzieher.

Waren bereits die feindlichen Propagandatrommeln während des Krieges mit Fälschungen und Lügenparolen gerührt worden, so setzte am 8. Mai 1945 ein unvorstellbares Kesseltreiben gegen das deutsche Volk ein. Kein deutscher Zivilist, kein deutscher Soldat oder Kriegsgefangener konnte diesen Lügenorkan fassen, der täglich aus vielen Lautsprechern über Straßen und Plätze quoll. Man fragte sich, wie dies möglich sein konnte? Man schüttelte über all die Anschuldigungen den Kopf, glaubte oder glaubte nicht, was Deutsche verbrochen haben sollten. Nichts hatte man davon gehört, nichts hatte man davon gesehen! Doch Millionenzahlen schwirrten durch die Luft, und man begann zu überlegen. Ich wurde am 29. April 1945 nochmals verwundet, kam am 1. Mai im Forst Hermsdorf bei Halbe ostwärts Berlin in sowjetische Gefangenschaft und habe dies alles selbst miterlebt.

Im Jahre 1939 gab es 14 Millionen Juden auf der Welt laut dem Angebot von Chaim Weizmann an England. Bereits 1948 zählte man rund 16 Millionen Juden und im Jahre 1985 laut den Daten des American Jewish Book 16,6 Mio. Man erinnerte sich, daß die deutsche Reichsregierung unablässig bemüht war, auch unter großem Kostenaufwand, den in Deutschland und Europa befindlichen Juden die Ausreise zu ermöglichen. Hunderttausende hatten Europa bereits verlassen, als sich seit der Konferenz in Evians alle Länder sperrten, weiterhin Juden aufzunehmen.

Mit den Insassen der Konzentrationslager im Osten wurden auch ab 1944 alle Juden mit nach Westen zurückgeführt, damit sie nicht der Roten Armee in die Hände fielen. Selbst im Frühjahr 1945 rollte noch wöchentlich ein DRK-Zug mit 1500 Juden (Männer, Frauen und Kinder) von Bergen-Belsen in die Schweiz. In Ulm wurde der Transport morgens gegen 6.00 Uhr von etwa 60 Angehörigen der NS-Volkswohlfahrt (eine freiwillige Organisation) bei klirrender Kälte mit heißem Kaffee und Marmeladenbroten versorgt. So sah die „Endlösung" im Deutschen Reich aus! Mit klaren Verpflegungsanweisungen wurde immer für die Lagerinsassen gesorgt. Sie erhielten zu Kriegsende oftmals sogar bessere Portionen als die Bevölkerung, bis durch die alliierten Bombenangriffe die Versorgung leider vielfach unmöglich wurde.

Ab 1933 waren in den wenigen Lagern etwa 80% Zuchthäusler und weitere 20% politische Gefangene, meist Kommunisten und SPD-Mitglieder. Es waren insgesamt nur wenige tausend. Juden wurden erst nach dem Polen- und Westfeldzug in Lagern interniert. Sie bekamen gute Verpflegung, hatten eine ordentliche Lagerstatt und konnten neben der Arbeit, die zu leisten war, Freizeitbeschäftigungen mit Sport, Theater pp. betreiben.

Dafür liegen in Briefen der Internierten und durch Kontrollen des Internationalen Roten Kreuzes in Genf viele tausend Beweise vor.

Wenn nun jemand auf den Gedanken kommt, daß z.B. in Auschwitz nur Juden waren, so irrt er sich gewaltig. Der Prozentanteil der Juden war gering, weil alle Nationalitäten dort arbeiteten.

Millionen sowjetischer Juden waren von Stalin nach Sibirien verfrach-

Das ROTE KREUZ bekennt:
KEINE BEWEISE FÜR DIE EXISTENZ VON GASKAMMERN IM DRITTEN REICH

Im sogenannten „Zündel-Prozeß" in Kanada hat vergangenes Jahr ein Vertreter des Roten Kreuzes als Zeuge vor dem Gericht in Toronto festgestellt, daß das Internationale Rote Kreuz, das während des gesamten Krieges in allen deutschen Konzentrationslagern Beobachter stationiert hatte, über keinerlei Beweise für die Existenz von „Gaskammern" verfüge. Diese Zeugenaussage wurde durch das Gericht in Toronto als die „Privatmeinung" des Herrn Biedérmann abgetan.

Inzwischen hat ein Oberst der deutschen Bundeswehr (dessen Name aus verständlichen Gründen hier nicht genannt werden kann) an das Rote Kreuz geschrieben. In dem Antwortschreiben aus Genf wird eindeutig festgestellt, daß Herr Biedermann nicht seine Privatmeinung vor dem Gericht in Toronto geäußert hat, sondern daß er seine Aussage in Übereinstimmung mit der Führung des CICR tätigte. Das Rote Kreuz konnte also weder während noch nach dem Krieg — trotz seiner Präsenz in den Lagern — Beweise für die Existenz von „Gaskammern" finden.

Wegen seiner Bedeutung ist hier der Brief des CICR in Faksimile abgedruckt.

COMITÉ INTERNATIONAL DE LA CROIX-ROUGE

Genève, le 11 janvier 1989
DIM/RECH 1989/18 FPe/av

Monsieur,

Suite à votre lettre du 21 décembre 1988, nous vous confirmons que, dans son rapport sur sa visite au camp de Dachau, le délégué du CICR utilise les termes de crématoire.

En ce qui concerne les déclarations faites par Monsieur Biedermann lors du procès Zundel, il les a prononcées en plein accord avec le CICR.

Les rapports sur les visites des camps de concentration ayant été établis au moment de la capitulation de l'Allemagne, il n'ont pas été transmis au gouvernement allemand.

Enfin, le CICR ne dispose d'aucune information directe sur la situation des Juifs en Pologne après le retrait des troupes allemandes.

Veuillez agréer, Monsieur, l'assurance de notre considération distinguée.

Florianne Truninger

„Die bezweifelte Aussage des Torontozeugen Biedermann wurde durch das Schreiben des CICR bestätigt. Die Führung des CICR sagt aus, daß weder während noch nach dem Krieg „Gaskammern" in den KL festgestellt noch gemeldet wurden. (HALT Nr. 48)

(Das Schreiben des CICR erfolgte auf Anfrage eines Obersten der deutschen Bundeswehr.)

tet worden. Über eine halbe Million kam dabei auf dem Transport ums Leben. Insgesamt waren vor der deutschen Wehrmacht 3,5 Mio. Juden von Stalin nach dem Osten evakuiert worden. Der Sekretär des Jüdischen Antifaschistischen Komitees, Shachne Epstein, erklärte dies 1944 in Moskau (Eve98). In dieser Zahl dürften auch jüdische Polenflüchtlinge eingeschlossen sein.

Im Jahr 1941 lebten in den von Deutschen besetzten sowjetischen Gebieten 3 646 000 Juden. Da 80% von ihnen evakuiert wurden, verblieben nur rund 730 000 Juden im deutschen Machtbereich. Davon verstarben ca. 65 000 aus Krankheits- und Altersgründen. Ältere Juden ließen sich ungern evakuieren und wollten bei den Deutschen bleiben, die sie von 1914/1917 her kannten.

Wie von den Siegermächten gelogen wurde und heute noch einschließlich unserer Politiker, Medien und Presse gelogen wird, ergibt sich schon aus der Tatsache, daß Deutsche, die in den angeführten Konzentrationslagern als Gärtner und Pflanzenzüchter tätig waren, in all den Jahren ihrer dortigen Tätigkeit keine Gasanlage, keine Vergasung oder ähnliches bemerkt haben und nach Gefangennahme über diese Beschuldigungen Deutschlands entrüstet waren im Gegensatz zu hohen Bonner Staatsbeamten, die es heute nach 45 Jahren noch nicht sind (siehe Anmerkung Nr. 4). Es liegen genügend freiwillige Aussagen von Deutschen, auch von verantwortlichen, wahrheitsliebenden Juden vor. Rechtschaffene Bürger fragen sich, wie die Wahrheit lautet, wenn der derzeitige Bundesjustizminister Hans Engelhard ein Sondergesetz eingebracht hat, das jeden bestrafen kann, der die täglich über das deutsche Volk ausgegossenen Beschuldigungen anzweifelt? Warum? Will er uns Deutschen und aller Welt die Wahrheit versagen? . . . Ja! Bewußt! Denn wer soll diese Lügen glauben, wo der Holocaust geplatzt ist?

In einem Leserbrief an „DIE WELT" v. 26. Mai 1985 schreibt der Chef vom Dienst der politischen Hauptredaktion des deutschen Nachrichtenbüros, Werner Mühe:

Nichts gewußt
Von Einsätzen als Kriegssonderberichterstatter abgesehen, saß ich während des Krieges bis zum Zusammenbruch als Chef vom Dienst der politischen Hauptredaktion des Deutschen Nachrichtenbüros (DNB) –

die Nachfolge hat seit 1947 die heutige DPA angetreten – in Berlin und dürfte als Mitglied des Jahrganges 1906 heute mit meinen 80 Jahren wohl einer der ältesten Presseverteter der damaligen Epoche sein. Von Reuter bis Tass lief damals auch die gesamte Auslandsberichterstattung bei uns in der Berliner Zentrale zusammen.

Irgendwelche Nachrichten und Berichte über eine Judenvernichtung habe ich nie auf den Schreibtisch bekommen. Sie haben sich auch niemals in unserem Panzerschrank für Geheimnachrichten befunden. Und wenn ein Mann in meiner Position damals nicht das Geringste erfuhr, dann kann man wohl heute im Gegensatz zu Professor Hillgruber nicht von einer „Hinnahme des zumindest geahnten grauenhaften Geschehens durch die Masse der deutschen Bevölkerung" sprechen.

Mit freundlichen Grüßen
Werner Mühe
Chefredakteur i. R., Bad Dürrheim

War es z. B. nach 1945 der von den „Nazis" – ein Schimpfwort, das von Juden stets „nazis" geschrieben wird! – angezündete Reichstag in Berlin, so waren es bald die Vergasungsanlagen in den Konzentrationslagern, Massengräber erschossener Lagerinsassen, Loren mit toten, abgemagerten Häftlingen oder gar die Millionen umgebrachter Polen, Zigeuner und Juden. Auch die raffiniert erstellten Fotomontagen sind nicht zu vergessen, die mit eingesetzten Köpfen, gezeichneten Armen usw. Verbrechen vortäuschen sollen, die es nie gegeben hat. (Wa).

Was blieb nun von all den Beschuldigungen nach 45 Jahren? Der Deutsche Reichstag wurde von dem Holländer van der Lubbe in Brand gesetzt, wie es Ministerialrat Dr. Fritz Tobias 1962 als Sozialdemokrat festgestellt hat. Prof. Hans Mommsen begutachtet den Bericht, und Prof. Rotfels, ein Jude vom Deutschen Institut für Zeitgeschichte in München, stimmt dem Gutachten zu. Im Nachhinein erkennen rund 60 in- und ausländische Fachhistoriker Arbeit und Gutachten an, darunter der englische Professor Allan Bullock.

Über einen Herrn Calic und sein „Luxemburger Komitee" heizten Leute der Systemparteien mit Steuergeldern diese Frage wieder an. Der vom Nürnberger Prozeß sattsam bekannte Ankläger und Jude M. W. Kempner erreichte ein Wiederaufnahmeverfahren in Berlin, durch das das seinerzeitige Urteil des Reichsgerichts aufgehoben wurde. Es ist wohl nur in unserem „Rechtsstaat" möglich, daß ein Emigrant ein Urteil des Reichsgerichts aufheben lassen kann! Herrn Kempner sollte bekannt sein: Der Bundesgerichtshof hat verbindlich klargestellt, daß das Reichsgericht ein ordentliches Gericht gewesen ist.

Überall die Anschuldigungen der Vergasungen von Millionen Menschen, die Feindpropaganda spricht in diesem Zusammenhang nur von Juden, mußte bereits am 26. August 1960 Dr. Martin Broszat vom Institut für Zeitgeschichte in München in der „ZEIT" erklären, daß auf dem Gebiet des Deutschen Reiches keine Vergasungen stattgefunden haben. Der gleiche Mann gestand am 3. Mai 1979 unter Eid(!) vor einem Gericht in Frankfurt/Main: „Die 6 Millionen sind eine symbolische Zahl."

Es wurden auch nicht Millionen Polen umgebracht. Zwar wurden Polen, die hinterrücks aus eroberten Dörfern auf die deutsche Truppe schossen, von Einsatzgruppen standrechtlich erschossen, ihre Dörfer abgebrannt. Das ist geltendes Kriegsrecht. Allgemein wurden polnische Gefangene schnell entlassen. Auch die französischen Kriegsgefangenen schickte Hitler bald nach Hause – wie gesagt – 400 000 Mann auf einmal!

Das Verbrechen von „Katyn" meldeten deutsche Truppen beim Vormarsch. Anschließend besichtigte eine internationale Kommission die Massengräber und machte Protokolle. Trotzdem wurde dieser bestialische Mord an über 4 500 polnischen Offizieren bis zum Jahreswechsel 1988/89 noch der Deutschen Wehrmacht angelastet.

In Warschau wurde von sowjettreuen Polen vor wenigen Jahren noch ein Denkmal errichtet, in dem eingemeißelt war, daß die polnischen Offiziere von den Deutschen ermordet wurden. Jetzt im Jahre 1989 hat Moskau auf eigenes Verschulden erkannt. Wenn aber jemand glauben sollte, daß ein deutscher Bundespräsident oder Bundeskanzler – vom Außenminister Genscher kann man dies nicht erwarten – in Warschau vorstellig geworden wäre, so ist es ein Irrtum. Deutsche Belange, erst recht nicht die Ehre der Deutschen Wehrmacht vertritt keiner dieser Herren.

So sind Berichte über schlechte Verpflegung, Unterbringung und Behandlung in den KL meist faule Lügen. Wo die Wachmannschaft

sich etwas zu schulden kommen ließ, wurde streng durchgegriffen. Die Verpflegung war sowieso das Steckenpferd von Heinrich Himmler, weil es sich in der Masse um Arbeitslager handelte und nur gesunde, gut ernährte Menschen Leistungen vollbringen können. Erst in den letzten Kriegsmonaten war die Versorgung unregelmäßig oder schlecht, weil durch den Bombenterror, der oft Konzentrationslager und ihre Zufahrtswege zum Ziel hatte, eine geregelte Versorgung unmöglich machte. In einigen Lagern brachen Seuchen aus, die viele Menschen hinwegrafften. Vernichtungslager hat es nicht gegeben, obwohl dies immer wieder behauptet wird. Liegen Zeugenberichte dieser Art vor, so wurden diese unter Folterung und Druck erzwungen (s. Anmerkung Nr. 5). Festzuhalten ist, daß die KZ-Insassen im Rahmen des Möglichen oft besser als in der Front eingesetzte Soldaten versorgt wurden (Burg 22. Februar 1984).
Den Beweis hierfür erbrachte ein ehemaliger Offizier der Alliierten Militärpolizei in Wien. Von 1945 – 1948 war er Verbindungsmann und Augenzeuge von amtlichen Untersuchungen österreichischer wie alliierter Behörden. Er gehörte u. a. der „Allied War Crimes Investigation Commission" in ehemaligen Konzentrationslagern an.
Diese offiziellen Überprüfungen an Ort und Stelle haben ergeben, „daß in zahlreichen Nachkriegsprozessen schreckliche Folterungen vorgekommen sind und daß es weder auf österreichischem Territorium noch im Altreich jemals Gaskammern zur Tötung von Menschen durch Giftgas gegeben hat." (Wa36).
Das Verhalten deutscher Gerichte in der BRD oder in Österreich, der Staatsanwälte und Medien zeigt, wie tief die Umerziehung, d. h. die potenzierte Feindpropaganda des Weltkrieges auf uns lastet, um den „Schuldkomplex" immer mehr zu vertiefen. Vergasungen in Dachau und Mauthausen waren einem Gericht in Wien „amtsbekannt". Die Vorsitzende, Frau Dr. Brigitte *Klatt*, erklärte, sie könne Wahrheitsbeweise nicht zulassen, weil „gerichtsnotorisch" bekannt sei, daß in Dachau während des Zweiten Weltkrieges Gaskammern existiert hatten, in denen Menschen vergast worden sein sollen. Der Verteidiger der Gegenpartei entschuldigte sich deshalb bei der nächsten Verhandlung „anständigerweise".
Der Offizier der alliierten Kommission vernahm den Urteilsspruch

des Gerichts und vervielfältigte die seit 1948 beiseite gelegte Fotokopie des Kommissionsberichtes (siehe Anmerkung Nr. 7). „Nun waren die Puppen am Tanzen". Wie konnte und kann man solchen Bericht in Wien in der „Regierungskanzlei" verstecken, um dem feindlichen Propagandarummel zu dienen? Es gibt da sicherlich viele Fragen, die auf eine Antwort harren.

Die erste Überraschung erlebte jener Polizeioffizier, Major Dipl.-Ing. Emil Lachout, als er vom Zündelprozeß aus Toronto/Canada zurückkehrte, wo er als Zeuge auftrat. Ihn erwartet keine Danksagung für sein mutiges Handeln, sondern eine Vorladung zur psychiatrischen Behandlung(!). Gleichzeitig wurde ihm die Aufkündigung seiner Lehrtätigkeit durch ein Schreiben des evang. Oberkirchenrates mitgeteilt, er habe niemals die Befugnis gehabt, als evang. Religionslehrer zu unterrichten. Seine Zulassung als Lehrer sei „ein Irrtum" gewesen. – So macht man das heute (Anmerkung Nr. 3). Das ist der ständige Umgangston nach 1945 in deutschen Landen, wenn man eine deutsche Haltung zu Themen des deutschen Volkes und Vaterlandes einnimmt.

Nun ist es bereits ein Jahr her, daß dieser abschließende Kommissionsbericht der Öffentlichkeit bekannt ist. Aber der Bundespräsident v. Weizsäcker nimmt davon überhaupt keine Notiz, wozu auch? Seine sämtlichen Anschuldigungen wären ja geplatzt! Aber am 10. Februar 1989 läßt er schreiben: „. . .Entscheidender sind vielmehr die zahlreichen Augenzeugenberichte, die uns ausschnittsweise den Blick freigeben in das Grauen und das millionenfache Morden in Konzentrations- und Vernichtungslagern . . ." (Anmerkung Nr. 8)

Aber eines ist für den Kenner sicher: die Siegermächte, darunter die Zionisten, können beruhigt sein und weiter kassieren, weil keine deutsche Regierung derzeitiger Couleur und kein Bundespräsident den Mut besitzen zu der Erklärung: „Bis hierher und nicht weiter!"

Für immer größere Teile unseres Volkes – besonders in der Jugend – ist dies unverständlich, wenn sie nicht wissen, daß für alle, die uns täglich Schauermärchen vortragen, eine Abhängigkeit besteht, die volle Wahrheiten zur Existenzgefahr werden lassen. Der Fall des Dr. Jenninger hat da Klarheit geschaffen. Er kam nicht einmal in Ruhe dazu, seine Fangfragen als „dummes Zeug" wegzuwischen.

In den letzten Jahren wurden verschiedene Prozesse in Frankreich, Canada und Österreich geführt, in denen bisherige „Wahrheiten" oder „behauptete Tatsachen" unhaltbar wurden. Fachleute konnten einwandfrei beweisen, daß z. B. Vergasungen in den angegebenen Räumen nicht nur nicht durchführbar waren, sondern sogar auch nicht stattgefunden haben konnten, wie die fachmännische Untersuchung der Mauern „dieser Vergasungsräume" ergaben.

In einem normalen Rechtsstaat wäre es eine Selbstverständlichkeit, daß die verantwortliche Regierung sofort nachfaßt und alle Beschuldigungen anzweifelt und sich für jede einzelne einen hieb- und stichfesten Beweis vorlegen läßt. Hierzu sind die Siegermächte nicht in der Lage, auch jene US-Kreise nicht, die mit unseren DM- und ihren Dollar-Milliarden Israel aufgebaut haben und am Leben erhalten. Israel soll nicht verschwinden, warum auch? – Und doch ist es wahr, daß auch unser Volk einen Anspruch hat, daß etwas geschieht: die Wahrheit muß auf den Tisch, Lügner und Verleumder im Rahmen rechtsstaatlicher Urteile an den Pranger.

Es besteht kein Zweifel: Jeder der verantwortlichen Politiker spricht das Unmögliche aus, wenn er sagt, daß eine Bevölkerung von 14 Mio. Menschen nach Ermordung von sechs Millionen nach neun Jahren wieder einen Bestand von 16 Millionen haben kann.

Wir brauchen endlich einen Justizminister, der nicht Märchen zum Opfer fällt, sondern Recht und Wahrheit nicht scheut. Nicht nur das! Wir können keinen Justizminister brauchen, der nicht im geringsten bewiesene Behauptungen hinnimmt, vielleicht zu glauben sucht und mit Sondergesetzen stützt. In unserem Bundestag muß die Wahrheit gesagt werden können. Die Sechs-Millionen-Behauptung ist nicht mehr glaubhaft. Wer Zweifel darüber äußert, verdient eher einen Orden als Bestrafung durch ein Sondergesetz.

In allem Ernst sei angeführt, daß die Wahrheit über Lügen und Verleumdungen immer das angestrebte Ziel bei Menschen und Völkern für ein gedeihliches Zusammenleben sein muß. Niemand soll sagen können, daß die Bundesrepublik Deutschland – auch dann, wenn sie nur ein Provisorium darstellt – auf Sumpf gegründet ist.

VI. KAPITEL

Vom „Holocaust" zur Wahrheit

Vom Holocaust im deutschen Volk kann man dicke Wälzer schreiben, in denen einmal die Feindmächte und zum anderen elende deutsche Volksangehörige die Trommeln rühren. Einmal sind es Angehörige von Völkern, die die Moral gepachtet zu haben glauben und dabei im stinkenden Pfuhl versinken, zum anderen ehrlose Streber, die nur dem eigenen Ich dienen und jede Verpflichtung gegenüber Volk und Vaterland vermissen lassen.

Es müßte doch allmählich jedem Deutschen klar werden, auf welche hundsgemeine Art wir alle mit Lügen und Verleumdungen täglich überschüttet werden. Das stolze, selbstbewußte und friedfertigste Volk in Europa soll ein Verbrecherpack sein, das andere Völker vergast und durch feigen Mord ins Jenseits befördert? Wo gibt es denn Anlagen bei den Deutschen, die solche Handlungen möglich machen? Von einzelnen verbrecherischen Elementen abgesehen, ist der Deutsche seit Jahrhunderten wegen seiner Moral, Ethik und Verhaltensweise in der Welt geachtet. Das soll vorbei sein, eine Wandlung in wenigen Jahrzehnten erfolgt sein?

Das ist nicht möglich und stimmt auch nicht. Sehen wir uns nur die Leistungen dieses Volkes in unserem 20. Jh. an! Überall haben deutsche Kräfte in der Welt Einmaliges geleistet. Die deutschen Erzeugnisse sind in jedem Land gefragt und kein Volk hat so viel Selbstdisziplin und Dynamik gezeigt, wie in den beiden Weltkriegen, die es zu seiner Verteidigung führen mußte, und in den schweren Nachkriegsjahren. Geschlossen bekämpfte es Not und Elend und ertrug verbissen die Schmach, in Knechtschaft zu leben. Seine Forschungen und technischen Errungenschaften machten es erst möglich, daß die UdSSR und die USA Weltraumflüge unternehmen konnten.

Da keine deutsche Regierung seit 1945 den vielen unglaublichen Anschuldigungen nachging und Untersuchungsausschüsse ansetzte, wo es möglich war, ist von deutscher Seite bisher keine Verleumdung und keine Lüge über deutsche Verbrechen geklärt und damit abgetan worden. Die verantwortlichen Politiker scheinen sich unter der Beschuldigungsmaschine, die ganz gerissen aufgebaut und betrieben wird, wohl zu fühlen. Sonst hätten sie doch etwas unternommen! Obwohl jeder Mensch und jedes Volk sein Nest sauber zu halten bemüht sein dürfte, alle Anfeindungen und Beschuldigungen nachdrücklich abwehrt, geschieht in der BRD gar nichts. Im Gegenteil, jeder Kanzler und Bundespräsident läßt keine Gelegenheit vorübergehen, um Beschuldigungen, Halbwahrheiten und glatte Lügen über das deutsche Volk, die Deutsche Wehrmacht oder das Dritte Reich auszusprechen. Sie bemühen sich leider bei jeder Gelegenheit den Siegermächten nach dem Munde zu reden, haben noch nicht eingesehen, daß der Zweite Weltkrieg von dieser Seite unbarmherzig fortgeführt wird. Erinnert sei nur an den feigen Mord an Rudolf Hess!

So muß das deutsche Volk schon seit Jahren ausländischen Wissenschaftlern, Diplomaten und Ministern ehemaliger Feindstaaten, für ihren Einsatz für die Wahrheitsfindung über die dreißiger Jahre danken. Ohne diesen Einsatz für die Wahrheit verpflichteter Ausländer, einschließlich vieler Juden, wären noch nicht so viele Lügen und böswillige Behauptungen geplatzt.

Für uns Deutsche steht an erster Stelle die Lüge, daß das Dritte Reich den Krieg begonnen hat, um die Weltherrschaft zu erringen. Wenn man sich einen Globus ansieht, kann man kaum feststellen, wo Deutschland liegt. Um so weniger kann ein Mensch mit klaren Sinnen auf den Gedanken kommen, daß Deutschland die Weltherrschaft erringen wollte. Lord Halifax war es, der in der für Chamberlain am 17. März 1939 in Birmingham vorgesehenen Rede schrieb, „daß Deutschland nach der Weltherrschaft strebe" (H204). Über die jüdisch gelenkte Presse vernahm es die ganze Welt in wenigen Tagen. Diese Verleumdung wird immer wieder und heute noch von vielen Intellektuellen und höchsten Staatsdienern nachgeplappert.

Dank der Arbeiten von David Hoggan, Charles Callan Tansill, David Irving, Curtis B. Dall, Benjamin Colby, A.J.P. Taylor u.a. wurde längst bewiesen, daß Deutschland zum Krieg gezwungen wurde, und der britische Außenminister Lord Halifax am 3. Sept. 1939 triumphierend ausrief: „Jetzt haben wir Hitler zum Krieg gezwungen!"

Die zweite unverschämte Lüge besteht darin, daß die deutsche Wehrmacht Millionen Polen erschossen habe, daß Russen und Juden zu Millionen ermordet worden wären.

Diese Beschuldigungen sind ebenfalls in sich zusammengefallen. Einmal trifft die Beschuldigung bei den Polen in diesem Umfang von drei Millionen nicht zu, zum anderen habe ich vorher erwähnt, daß Polen von Einsatzgruppen als Partisanen während und nach dem Polenfeldzug erschossen wurden, weil sie auf deutsche Soldaten aus dem Hinterhalt schossen.

Russen sind in größerer Zahl nach der Gefangennahme zu Beginn des Rußlandfeldzuges umgekommen, weil die Deutsche Wehrmacht beim besten Willen nicht für Millionen Russen die Verpflegung beim Vormarsch zusätzlich aus dem Reich herbeischaffen konnte. Aus dem Land war eine Versorgung selbst für Russen nicht möglich, weil Stalin jeweils das Land „zur verbrannten Erde" machte, in das die Wehrmacht vordrang. Es ist bekannt, daß Stalin lange vor Kriegsbeginn industrielle Anlagen, Vorräte aller Art und 80 % der Juden nach dem Osten verfrachtete. Über die Juden liegen für diese Zeit und die nach dem Kriege Zahlen vor.

Die gemeinste Verleumdung und Behauptung stellt die Vergasung von Insassen der Konzentrationslager dar. In den letzten Jahren sind verschiedene Prozesse in Frankreich gegen Prof. Robert Faurisson/Lyon, Ernst Zündel/Toronto, Gernod Honsik/Wien, Friedl Rainer/Klagenfurt, Walter Ochensberger, Lochau, u.a. geführt worden bzw. werden noch geführt, in denen neueste sachgemäße und wissenschaftlich einwandfrei erstellte Gutachten und Forschungsergebnisse zu diesen Themen den Gerichten vorgelegt werden konnten.

Mit diesen an Ort und Stelle mit privater Initiative durchgeführten Untersuchungen platzten alle Vergasungsverleumdungen und Behauptungen an den einfachsten sachlichen Voraussetzungen. Im besonderen kam heraus, daß die Deutschland belastenden Aussagen

Auschwitz-Zeuge bricht sein Schweigen:

Dipl.-Ing. Dr. techn. Walter Schreiber
Stefan-Esders-Platz 2
1190 Wien

An das
Landesgericht Feldkirch
Schillerstraße 1
6800 Feldkirch

zuAz: 29 Vr 857/87

An den vorsitzenden Richter Herrn Dr. Stadtler

Sehr geehrter Herr Rat!
Im Jahre 1943 war ich als Oberingenieur bei der Bauunternehmung HUTA-A.G.-Kattowitz tätig, die unter anderem den Auftrag hatte, im KL Auschwitz Krematorien zu bauen. Ein Dienstauftrag führte mich damals zur betreffenden Baustelle in das Lager. Wenn ich heute daran zurückdenke, hatte ich dort keine Spur von einem „bestialischen und industriell organisierten Tötungsbetrieb" bzw. einer „Todesfabrik" wahrgenommen, wie 45 Jahre später am 24. 9. 1987 in der **Presse** anläßlich eines Besuches von Bundeskanzler Vranitzky berichtet wurde.

Längst war meine Erinnerung an jenen Besuch im KL verblaßt, als sie mir 1979 durch die großaufgemachte vierteilige Fernsehserie „Holocaust" wieder bewußt wurde. Hiezu war in der **Presse** am 3./4. 2. 1979 zu lesen:

„Man sollte deshalb das Phänomen Holocaust untersuchen, wenn möglich (es ist schwer möglich, zugegeben) vorurteilsfrei. Man sollte ihm auf den Grund gehen und sich nicht damit abfinden, das immerwährende Kainsmal tragen zu müssen."
Der Holocaust-Film, die Äußerungen dazu in den Massenmedien mit einer Unzahl Leserbriefen (geschrieben in Narrenfreiheit) haben damals einen Sturm entfacht.

Der gegen Walter Ochsenberger angesetzte Schwurgerichtsprozeß zeigt, daß die Worte von Thomas Chorherr heute nach zehn Jahren volle Berechtigung haben. Als Ziel für alle Prozeßbeteiligten gelte: Das Phänomen Holocaust vorurteilsfrei zu untersuchen und ihm ohne Rücksicht, ob das eine das Ergebnis paßt oder nicht, auf den Grund zu gehen. Im Interesse der Wahrheitsfindung dürfen nicht die erst im vergangenen Jahr erbrachten Beweismittel beiseitegeschoben werden:
Das „Müller-Dokument" und
das „Leuchter-Gutachten"!

Das erste, das Rundschreiben des Militärpolizeilichen Dienstes vom 1. 10. 1948 stellt fest, daß in den aufgezählten KL im früheren Reichsgebiet keine Menschen mit Giftgas getötet wurden und diesbezügliche Geständnisse durch Folterungen erpreßt wurden und Zeugenaussagen falsch waren.
Das „Leuchter-Gutachten" gelangt zur Schlußfolgerung. „Nach Durchsicht des gesamten Materials und

Inspektion aller Standorte in Auschwitz, Birkenau und Majdanek findet der Autor die Beweise überwältigend. Es gab keine Exekutionsgaskammern an irgendeinem dieser Orte. Es ist die beste Ingenieursmeinung des Verfassers, daß die angeblichen Gaskammern an den inspizierten Plätzen weder damals als Exekutionskammern verwendet worden sein konnten, noch daß sie heute für eine solche Funktion ernsthaft in Betracht gezogen werden können." Welcher Geschworene könnte Walter Ochsenberger schuldig sprechen, ohne daß das „Müller-Dokument" als Fälschung entlarvt und das „Leuchter-Gutachten" technisch-wissenschaftlich widerlegt wurde?

WAS IST WAHRHEIT?
Die Entlastungsdokumente oder der furchtbare Schuldspruch des deutschen Bundeskanzlers Kohl in einer Grußbotschaft an die Teilnehmer der Konferenz „Remembering for the Future" in London, in der es unter anderem heißt: „Wir Deutsche sind bereit, mit dieser schrecklichen Wahrheit zu leben. Wir wollen nicht die Augen davor verschließen, daß . . . das Verbrechen dieses Völkermordes in der Geschichte der Menschheit ohne Beispiel ist . . . Deutsche . . . haften in ihrer Gesamtheit für das Unrecht, das in ihrem Namen begangen wurde . . ."

Nochmals: WAS IST WAHRHEIT? . . . Und wie kann Anklage gegen Zweifler am Holocaust erhoben werden, wenn die Schriften, die diese Zweifel begründen, straflos verkauft und gekauft werden dürfen?

In der Sowjetunion werden im Zeichen von Glasnost Lügen aus der Vergangenheit ausgeräumt. Wie lange noch werden Versuche, ein einseitiges Geschichtsbild zu revidieren, in unserem Rechtsstaat mit mehrjährigem Kerker bedroht?

Ich bin Angehöriger der Kriegsgeneration, über 80 Jahre alt, Vater, Großvater. Ich kann mich auch als österreichischer Staatsbürger nicht von Kohls Verdammnisurteil davonschwindeln, vom Tragen des immerwährenden Kainsmals, wie Chorherr es nennt. Mir bleibt aber die Zuversicht auf ein faires Verfahren vor einem österreichischen Gericht zur Findung der historischen Wahrheit.

129

von „Augenzeugen" als Insassen oder Bewachungsmannschaften von KL-Lagern meist mit grausamsten Folterungen erzwungen wurden, und ein kerngesunder Lagerkommandant vor der Verhandlung bei Gericht plötzlich über Nacht „verstarb".

Dieser plötzlich „verstorbene" Lagerkommandant in Auschwitz war der Nachfolger von Rudolf Höss, den die Sowjets gehenkt hatten, nachdem er eine Aussage – „wie gewünscht" – gemacht hatte. Er hieß Richard Baer, wurde als Waldarbeiter am 20. Dezember 1960 verhaftet, und blieb dabei, daß Gaskammern in Auschwitz eine Legende seien. Da anzunehmen war, daß er vor Gericht fest bei seiner Aussage bleiben würde, mußte er „verschwinden", und zwar vor Prozeßbeginn. So verstarb Baer plötzlich am 17. Juni 1963 in Untersuchungshaft (St307). Vor diesem Tag war er nicht krank und seine Frau hatte ihn noch wenige Tage vorher kerngesund gesprochen. Für einen gesunden Mann mit 51 Jahren ist so ein Tod mysteriös – aber auf jeden Fall „rechtzeitig" erfolgt.

Dieses plötzliche Ableben gesunder Menschen gehört zu den vielsagenden Fällen, wo Zeugen plötzlich einen Unfall erleiden, an Herzversagen sterben, auf jeden Fall aber an einer Aussage gehindert werden, die die Prozeßregie umstößt und zur Wahrheit führt. Denn die Wahrheit muß geheim bleiben – siehe Sondergesetz von Herrn Hans Engelhardt –, weil sonst die Grundlagen der Politik der Bundesrepublik Deutschland seit 1949 – also seit Beginn! – als Betrug erkannt werden. Herr Prof. Theodor Eschenburg, Politologe, hat dies schon vor Jahren festgestellt.

Aus gleichem Grund wurde auch das Buch von Prof. Arthur R. Butz „Der Jahrhundertbetrug" in der BRD schnell verboten. Butz hatte noch darauf hingewiesen, daß „der ganze 6-Millionenmythos" in den Anfangstagen des Zweiten Weltkrieges (!) von Mitgliedern des „War Crimes Board, dem Office of Strategic Services" ersonnen wurde. In diesem Kreis saßen so Leute wie Rabbi Wise, Bernard Baruch, Schatzsekretär Morgenthau, Sowjet-Agent Harry Dexter White und Oberst David Marcus.

Ab 1945 arbeitete das Zentrum dieser Aktion in Deutschland bei den verschiedenen „Kriegsverbrecherprozessen". „Deutsche Flüchtlinge" in US-Uniformen spielten dort die Hauptrollen.

Meineidige Zeugnisse wurden vorgebracht, Unsachlichkeit und Voreingenommenheit des Gerichts beim Auschwitzprozeß waren stets gegenüber den Angeklagten erkennbar. Der Vorsitzende machte sogar am 23. Juli 1965 die unverschämte Bemerkung, das Gericht wäre weitergekommen, wenn die Angeklagten vom ersten Tage an die reine Wahrheit gesagt hätten. Eine Äußerung, die der erforderlichen richterlichen Zurückhaltung völlig widerspricht (St319). Aber es war ein „Schauprozeß" zur Demütigung des deutschen Volkes, der von der Nachkriegsgeneration – vielfach ohne Überlegung – als Tatsache, also Wahrheit hingenommen wurde.

Diese auf allen möglichen Gebieten exakt durchgeführte Umerziehung hat es den Siegermächten ermöglicht, 140 Milliarden DM für Israel aus der BRD zu erpressen. Mit Folterungen, Scheinurteilen, Drohungen gegen die Familie, falschen Versprechungen auf Freilassung, wiederholte Führung unter der Kapuze zum Galgen bis zum Aufhängen und Rückführung, wie es unsere amerikanischen „Freunde" machten, erbrachten schließlich jede gewünschte Aussage, um uns Deutsche als Verbrecher und Mörder hinzustellen.

Das ist der klassische programmierte Holocaust am deutschen Volk, an dem sich unsere höchsten Würdenträger mit Verleumdungen und Lügen beteiligen. So arbeitete die vor Moral triefende Siegerjustiz. All unsere heutigen „Freunde" wollten sich dabei übertrumpfen ob Amerikaner in Nürnberg oder Landsberg am Lech, ob Briten in Nürnberg oder Hameln, ob Sowjets in Nürnberg oder der UdSSR. Das abscheulichste und niederträchtigste Verhalten war die Auslieferung von Kosaken und anderen Gefangenen mit ihren Familien an Stalin, die aus dem Osten kamen und den Kampf gegen den Bolschewismus voll unterstützten. Auf diese Millionen wartete nur der Genickschuß.

Nach dem 8. Mai haben die Siegernationen noch millionenfach Verbrechen begangen: neben 4,7 Mio. Deutschen sind fast 2 Millionen polnische, baltische, ungarische und rumänische Opfer des kommunistischen Terrors zu beklagen. In der SU kamen nach Kriegsende 8 Millionen Sowjetbürger in KL um. Die SU brachte mit Deportationen, Massenerschießungen und sonstigen „Säuberungsopfern" rund 20 Mio Menschen um. In allen europäischen Ländern fand die

Lynchjustiz ihre Opfer: in Frankreich über 100000, in Italien 100000 bis 200000, in Jugoslawien 300000 bis 500000 Opfer (DWZ v. 12. Sept. 1986).

Durch verschiedene Prozesse in den letzten Jahren, wo der Judenmord durch das Dritte Reich hochgespielt wurde, ist nun aufgrund der vorgebrachten Tatsachen, geschilderten Unmöglichkeiten von Vergasungen, der unverändert bis Kriegsende versuchten Ausreise von Juden durch das Reich alles, was mit Holocaust zusammenhängt, einschließlich „Endlösung", eine geplatzte Seifenblase. Die raffinierte Feindpropaganda hat über 40 Jahre dieses Trauma des Holocaust in deutsche Menschen gespritzt, täglich daran erinnert und zur Sühne gemahnt. Viele Deutsche glaubten es mittlerweile und schüttelten die Köpfe, wenn es Menschen gab – im In- und Ausland –, die den Völkermord an Juden als gaunerreiche Lüge hinstellten. (s. S. 119)

Nun ist der Beweis erbracht, daß der Genocid am jüdischen Volke eine Lüge ist, und auch alle Lexika mit ihren gefälschten Zahlen über die jüdische Bevölkerung darüber nicht hinwegtäuschen können. An dieser Stelle verweise ich auf das Dokumentarwerk von Leon Poliakov-Wulf „Das Dritte Reich und die Juden" (Ariani-Verlag, Berlin, 1955). Der wissenschaftliche Leiter der „Dokumentationszentrale des zeitgenössischen Judentums" in Paris veröffentlicht, daß zwischen 1933 und 1941/42 557357 deutsche und österreichische Juden GESETZLICH NORMAL aus dem Gebiet des Großdeutschen Reiches, größtenteils unter Mitnahme ihres Vermögens, ausgereist seien. Im Gegensatz dazu steht die „Erklärung der Vereinten Nationen", einer Organisation, die bewußt gegen das Deutsche Reich gegründet wurde und in der die BRD heute noch von 52 Mitgliedern geächtet ist, trotzdem sie Mitglied ist und seit Jahrzehnten sehr hohe Beiträge zahlt – natürlich! Am 17. Dezember 1942 (!) erfolgte die Erklärung der Minister, die sowohl Befehle für Außenpolitik, das Militär als auch die „Schwarz-Propaganda" erteilten. Sie stimmte sich vornehmlich mit „Jewish-Agency" zur intensivierten Greuelpropaganda ab. Als Sprachregelung hatten Nahum Goldmann und Chaim Weizmann im Biltmore-Hotel in New York am 9. Mai 1942 ausgegeben, daß „zwei Millionen Juden bereits ermordet seien und vier Millionen noch ermordet werden" (W38, S.10 u. Bu 79). Da diesbezüglich Zeitungsartikel der New York Times politisch nichts in Bewegung brachten, veröffentlichte die „Jewish Agency" nach einer Sitzung am 22.11.1942 „die Nachricht über die systematische Vernichtung der Juden" und alarmierte damit die Öffentlichkeit. Um dieser Thematik noch mehr Nachdruck zu verleihen, befaßte sich der Jüdische Welt-kongreß am 3.12.1942 erneut mit diesem Thema. Die Erklärung vom 17. Dezember 1942 war ein Ergebnis davon (FAZ 17.Nov. 1987, S.30).

Als aktives Mittel der Kriegführung gegen das Reich wurde bereits im Frühjahr 1941 – also vor Kriegseintritt der USA! – ein Plan diskutiert, wie Milch- und Getreidevorräte in den Feindländern mit radioaktiven Substanzen verstrahlt werden könnten. Im Jahre 1943 ist dieser Plan wieder aufgegriffen worden. Der Leiter des Atombombenprojekts, Robert Oppenheimer, äußerte, daß man sich an dieses Projekt erst heranwagen solle, „wenn die Nahrung für mindestens eine halbe Million Menschen vergiftet werden könnte". Das war sieben Monate vor dem Kriegseintritt! (Nordbayer. Zeitung vom 18.Juli 1985, Nr.163, S.7). Man muß sich darüber klarsein, mit was für „Freunden" wir es in der BRD zu tun haben.

Wenn man diese Planungen und die erfolgten Unmenschlichkeiten verfolgt und seine Urheber und Macher feststellt, so ist die Mannschaft erfaßt, die das deutsche Volk seit einhundert Jahren bewußt vernichten will. Auf der anderen Seite gibt es viele Menschen desselben Volkes, das die Wahrheit durchsetzen will und mit Angehörigen anderer Völker für uns Probleme löst, die bei uns und von uns im besetzten Land nicht gelöst werden können, weil unsere Staatsführung dies gar nicht will.

An erster Stelle soll ein Schreiben an den Gerichtspräsidenten in Köln in der Sache Lischka vom 6.02.1980 folgen. Es handelt sich um die vom Verfasser autorisierte Übersetzung aus dem Französischen. Verfasser ist der Jude Dr. Roger Guy, Univ. Prof. und Dr. der Psychologie in Vigneux.

„Herr Präsident,
ich hatte bereits Anlaß genommen, Ihnen zu schreiben, als ich von der Einleitung des oben erwähnten Verfahrens Kenntnis bekam. Ich möchte Sie bitten, das heutige Schreiben als unumgängliche Ergänzung des ersten zu betrachten. Ich habe durch das Fernsehen erfahren, daß der Staatsanwalt 12 Jahre Haft für den Angeklagten beantragt hat.

In meiner Eigenschaft als Jude, nicht mehr tätiger Freimaurer, Hochschulprofessor und ehemaliger freiwilliger Kämpfer gegen den Nazismus wende ich mich mit äußerster Entrüstung gegen solche Ungerechtigkeiten. Das Wort ist nicht zu stark, und ich möchte seinen Gebrauch rechtfertigen.

1. Unter meinen Freunden, die Juristen sind, findet sich nicht einer, der es für möglich hält, nach 35 Jahren eine Anklage zu erheben, besonders, wenn es sich um Personen handelt, die bereits vor Gericht standen und verurteilt wurden. Eine solche Anklage ist demnach ein wahrer Rechtsbruch, ohne Beispiel in der menschlichen Geschichte.

2. Diese hysterische Verfolgung (ich verwende das Wort hysterisch im klinischen und nicht im übertragenen Sinne) 35 Jahre nach Kriegsende ist an und für sich schon gesetzwidrig nach dem Geist des internationalen Rechts, sie stellt eine unzulässige Ausnahmesetzung dar. Diese traurige Wirklichkeit wird aber noch unterstrichen durch folgende grausige und abscheuliche Tatsache:

a) Die Untersuchung, die ich seit einem Jahr vorgenommen habe, hat mir bewiesen, daß die Anschuldigung des Völkermordes in Gaskammern von 6 Millionen meiner Stammesgenossen absolut falsch ist. In Wirklichkeit sind während des Krieges 800 000 Juden durch Kriegshandlungen zu Tode gekommen (eingeschlossen jene der Konzentrationslager), während 10 Millionen Deutsche gestorben sind, von ihnen mindestens 1 1/2 Millionen in deutschen und alliierten Lagern. Das Verschwinden von mehreren Millionen in 7 Konzentrationslagern zwischen 1942 und 1944 ist aus arithmetischen Gründen vollkommen unmöglich, und das Studium der Vergasungstechnik beweist unumstößlich, daß die Gaskammern niemals existiert haben. Die einzigen jemals erfundenen Gaskammern hat es in USA gegeben, und zwar für die Vergasung einer einzigen Person. Kollektive Vergasungen gab es nur auf den Schlachtfeldern des 1. Weltkrieges.

Daß Herr Lischka während des Krieges Polizeichef unter einem verfassungsmäßig legitimen Regime gewesen ist, kann kein Verbrechen sein. Das ist wesentlich. Dazu sollte man noch folgende Tatsachen beachten:

b) In der Sowjetunion sind mindestens 15 Jahre vor der Existenz deutscher Lager und bis zum Jahre 1972 ungefähr 120 Millionen Nichtjuden durch ein jüdisches Marxistenregime vernichtet worden, in einem Gefängnis- und Konzentrationslagersystem, das vollständig von Juden geleitet wurde: Yagoda, Chef des NKWD, und seine Mitarbeiter Ouritzki, Sorenson, Jejow, Davidowitsch, Berman als Lagerchefs waren Juden, ebenso die Gefängnisdirektoren Kogan, Semen, Firine, Apetter, für die noch ein Super-Nürnberg aussteht, zu ihrer Verfügung: Frenkel allein ist verantwortlich für Millionen Nichtjuden.

Es ist unannehmbar, daß man nicht nur Ihr Land zu Unrecht eines Völkermordes anklagt, den es in Wirklichkeit nie gegeben hat, sondern daß man sie auch noch zwingt, gegen jede juristische Logik und nach 35 Jahren Anklage zu erheben und Urteile auszusprechen gegen Leute, die nichts als ihre Pflicht getan haben. Aber, was noch schwerer wiegt, ist, daß man Sie zwingt, eine Unehre zu ertragen, die Sie nicht verdient haben, die aber Deutschlands Ankläger hundertfach verdienen.

(Der Vergleich ist sogar noch ungenau, da es kein gemeinsames Maß für 800 000 durch Kriegshandlungen umgekommene Juden und für die 120 Millionen, die durch eine halbe Hunderschaft jüdischer Henker vernichtet wurden. Die Photographien der Wichtigsten finden Sie im Band II des Archipel Gulag von Solchenizyn.)

Ich möchte schließen, indem ich sage, daß meine Religionsgenossen übertrieben haben. Mehr noch, es gereicht ihnen nicht zum Ruhm, wenn man daran denkt, daß die symbolische Herrschaft der Rothschild, Marx, Freud, Einstein und Picasso einen weltweiten Selbstmord einleitet.

Die elementare Gerechtigkeit fordert, daß diese Anklage nicht erhoben wird, daß sie im schlimmsten Fall mit klarem und einfachem Freispruch endet oder besser noch als unzuständig abgewiesen wird. (Es handelt sich ja, wie ich weiß, nicht um Gewalttätigkeiten, die das allgemeine Strafrecht betreffen.)

Wenn ich die deutsche Sprache beherrschte, wäre ich gekommen, um vor Gericht die Namen der 50 jüdischen Henker zu nennen, die in den UdSSR 120 Millionen Goys vernichtet haben, und die rechnerische Unmöglichkeit der Vernichtung von 6 Millionen in einer begrenzten Zeit ebenso vor Augen zu führen, wie die technische Nichtexistenz von Gaskammern.

Sie können dieses Schreiben beiden Parteien übermitteln, wie auch der Presse, die gänzlich von meinen finsteren Stammesgenossen manipuliert wird.

Glauben Sie, Herr Präsident, an die Versicherung meiner Hochachtung wie auch an meine Hoffnung, eines Tages Deutschland aus dieser erniedrigenden Knechtschaft auferstehen zu sehen, von der der gegenwärtige Prozeß eine wahre juristische Farce, ein betrübliches Zeichen ist.

gez. R.G. Dommergue Polacco de Menasce
(Eingegangen 1. Sept. 1980)

Ein weltbekannter Forscher nach der Wahrheit ist der Franzose Robert Faurisson, Professor an der Universität Lyon-2. Er bearbeitet das Sachgebiet „Kritik von Texten und Dokumenten". Seit 1974 befaßt er sich mit dem Thema „Holocaust", auf das er über Prof. Rassinier und seine Forschungen gestoßen ist.

Prof. Rassinier war selbst einmal in einem Konzentrationslager und der Wahrheit zuliebe gegen den unseligen „Holocaust" angegangen, mit dem die Seele des deutschen Volkes vernichtet werden soll. Prof. Faurisson hat die KL persönlich besucht, untersucht und viele Aufnahmen gemacht, mit denen er seine Forschungsergebnisse bei den Prozessen in Paris belegen konnte (E89). Ausarbeitungen von Prof. Faurisson, die vom Bürgermeisteramt Lyon beglaubigt sind, liegen mir vom 7. Juli 1980 vor.

Der Professor erklärt darin die Gefährlichkeit der Blausäure, die alle möglichen Handlungen in den Räumen ohne Gasmaske bzw. Rauchen und Essen beim Bergen der Leichen von „Vergasten" unmöglich macht, wenn die betreffenden Personen am Leben bleiben wollen:

> „Das Blausäuregas ist hochgiftig und äußerst gefährlich. Es genügt ein Milligramm je Kilo Körpergewicht, um einen Menschen zu töten. In einem geschlossenen Raum vergiftet sie den Menschen in wenigen Sekunden und tötet ihn in wenigen Minuten. Durch Aufnahme des Gases durch die Haut kann ein Mensch das Bewußtsein verlieren und dann sterben. Dieses Gas haftet fest an Oberflächen. Es haftet nicht nur an der Haut und den Schleimhäuten, sondern dringt sogar in sie ein; es haftet aber auch an Holz, Gips, an der Malerei, an Zement und dringt in sie ein. In einem gewöhnlichen Raum, wo diese Stoffe zusammen vorkommen, kann es nach Gebrauch nicht mehr durch einen Ventilator beseitigt werden; man muß sich mit einer natürlichen Lüftung zufrieden geben, die nahezu vierundzwanzig Stunden dauert . . ."(Seite 2)

Weiterhin führte Prof. Faurisson aus:

> „Wenn man annehmen kann, daß das Gas sein Vernichtungswerk vollendet hat, muß das geschulte Personal in den Raum eindringen, um dort alles zu öffnen, was eine natürliche Lüftung ermöglicht. Das ist der heikelste Augenblick. Die Lüftung bildet die größte Gefahr für Beteiligte und Unbeteiligte. Sie ist deshalb besonders vorsichtig und stets mit angelegter Gasmaske auszuführen. Grundsätzlich soll derart gelüftet werden, daß gasfreie Luft stets in kürzester Zeit zu erzielen ist, das Gas nach einer Seite abzieht, auf der die Gefährdung Unbeteiligter ausgeschlossen ist.

DIE LÜFTUNG DAUERT MINDESTENS ZWANZIG STUNDEN!"

Hiermit fallen bereits die meisten Zeugenaussagen wie Kartenhäuser zusammen. Die Zeugen gestehen damit schon, daß sie lügen, ihre Aussagen wertlos sind bei einem Richter, der die Einzelheiten der Wirkung der Blausäure kennt.

> „Dieses Gas ist entflammbar und kann explodieren; es darf daher in der Nähe keine offene FLAMME GEBEN; UND SCHON GAR NICHT DARF MAN RAUCHEN ... Die erste Hinrichtung einer Verurteilten durch Blausäure wurde in der Strafanstalt von Carson City im Jahre 1924 vollzogen; fast wäre sie für die Umgebung zu einer Katastrophe geworden... Erst 1936/38 wurden verläßlichere Gaskammern geschaffen. Aber selbst heute noch bleibt dieses Hinrichtungsverfahren für die an der Hinrichtung Beteiligten und für die Umgebung heikel." (Seite 3)

In dem Buch „Der Kommandant von Auschwitz", das von Dr. Broszat, Institut für Zeitgeschichte in München, gedruckt wurde, heißt es auf Seite 126 und 166:

> „Eine halbe Stunde nach dem Einwurf des Gases (es handelt sich um Zyklon-Blausäure) wurde die Tür (der Gaskammer, in der sich mehrere tausend Opfer befanden) geöffnet und die Entlüftungsanlage eingeschaltet. Es wurde sofort mit dem Herausziehen der Leichen begonnen". – „Diese entsetzliche Arbeit des Herausschaffens von tausenden Leichen, denen man die Goldzähne herausnahm und die Haare abschnitt, wurde von resignierten und gleichgültigen Leuten durchgeführt, die während der ganzen Zeit unaufhörlich rauchten oder aßen: Beim Leichenschleppen aßen sie oder rauchten."

Damit hat der Lagerkommandant Rudolf Höss jedem Sachverständigen zu erkennen gegeben, daß es eine Vergasung nicht gab und seine Aussagen erzwungen wurden. Nach seiner Aussage wurde Höss von den Kommunisten gehenkt und kann keine Fragen mehr beantworten (Seite 4 und 5).
Es dürfte aber wohl bekannt sein, daß das „INSTITUT FOR HISTORICAL REVIEW" in Torrance, California, sogar ein Jahr lang eine Belohnung von 50 000 Dollar ausgesetzt hatte für eine gerichtsnotorische Aussage, wo, wann und wie eine Vergasung statt-

gefunden hat und beobachtet wurde. Es meldete sich kein Zeuge mit nachprüfbaren Angaben. Aber ein Jahr danach wurde das Institut gesprengt, weil es an einem Tabu gerüttelt hatte.

Prof. Faurisson schloß im August 1978 eine lange Studie über das Tagebuch der Anne Frank mit den Worten: „Das Tagebuch der Anne Frank ist nur eine einfache literarische Fälschung."

Der bekannte Hamburger Rechtsanwalt Jürgen Rieger, der Ernst Römer verteidigte, hinterlegte eine Kopie der Studie beim Gericht. Römer hatte Zweifel am Tagebuch und war von Otto Frank angegriffen worden. Rechtsanwalt Rieger erreichte nach langen Bemühungen, daß ein Sachverständigen-Gutachten angeordnet wurde. Das Ergebnis war für Otto Frank niederschmetternd. Eine Fälschung steht außer Frage, weil zum Schreiben des Tagebuches ein Kugelschreiber Verwendung fand, der erst 1950 erfunden wurde. – Man staune: 35 Jahre hatte es kein Gericht für geboten gehalten, die Echtheit zu überprüfen!

Sarkastisch schreibt Prof. Faurisson: „Ich stelle fest, daß bis zum heutigen Tage kein Advokat der Welt den Mut besaß, von einem Gericht das Elementarste bei einer Kriminalaffäre zu verlangen: ein Gutachten über die Waffe des Verbrechens." (Seite 7)

Ein französischer Professor muß in Auschwitz erst feststellen, daß zwischen dem, was die Kommunisten Gaskammer getauft haben, und der Halle, in der die Verbrennungsöfen aufgebaut sind, nur ein breiter Durchgang besteht, der niemals einen Abschluß hatte . . . Dazu gab es im Museum und in den Staatsarchiven Pläne, die beweisen, daß es zwischen beiden Räumen immer einen solchen Durchgang gegeben hat.

Wie stellte man es an, daß die angeblichen Opfer in der angeblichen Gaskammer blieben, ohne in die Halle der Verbrennungsöfen zu verschwinden! Wie hat man es gemacht, daß das Blausäuregas nicht in den Ofenraum strömte und die dort arbeitenden Angestellten tötete, und das Gas nicht explodierte?

Die einzig klare Antwort lautet also, daß in der berüchtigten Gaskammer keine Vergasung stattfinden konnte! Noch lächerlicher sind die Behauptungen von Vergasungen in Birkenau. Es gibt zwar dort nur Ruinen wegen Sprengungen, man kann aber unter die Ruinen von

Krema II und III gelangen und sogar fotographieren. Dies vollbrachte der schwedische Forscher Dietlieb Felderer aus Täby und sagte als Zeuge im Zündelprozeß in Toronto darüber aus, daß es für ihn eine große Überraschung gab: die Decke war glatt und zeigte weder Dusch- noch Rohransätze. Lediglich die Abdrücke der Hölzer für die Betonverschalung waren sichtbar ... Da es sich nur um einen typischen Leichenkeller handelte, waren die Luftröhren auch mit Tannenholzverschalungen versehen. Damit keine „Vergasungen" möglich waren, war noch eine zweiflügelige Tür eingebaut gegen die Kälte. (Seite 8)

Abschließend berichtet Prof. Robert Faurisson, „daß die Alliierten von Mitte Dezember 1943 bis 14. Jänner 1945 nicht ungefähr 10, sondern genau 32 Aufklärungsflüge über Auschwitz durchführten. Ich füge hinzu, daß dank der erstaunlichen Auswertungen der Lichtbilder, die noch zu einer Menge von Nachrichten vom O.S.S., dem Vorgänger des CIC, hinzukamen, Auschwitz und seine Umgebung für die Angloamerikaner keine Geheimnisse hatten."

In dem Buch „Vérité historique ou vérité politique", das mir vorliegt, wird der „Fall Faurisson" dargelegt. Die Dokumentation umfaßt allein 164 Seiten in Wort und Bild über die Gaskammern und das Tagebuch der Anne Frank. Prof. Faurisson führt den wissenschaftlichen Nachweis, daß es

1. keine Gaskammern gab,
2. das Tagebuch der Anne Frank ein Betrug ist. (Seite 9)

Auschwitz wurde am 27. Januar von den Sowjets besetzt. Viele Häftlinge blieben interniert oder wurden nach Rußland deportiert. Bis 1956 durfte niemand das Lager besuchen. Als das dann hergerichtete und mit Beschriftungen versehene Lagermuseum eröffnet wurde, waren keinerlei belastende Aufnahmen oder sonstige Nachweise für Vergasungen vorhanden. Der israelische Ministerpräsident Levi Eschkol/Skolnik erklärte 1965, daß noch zehn- und hunderttausende Menschen mit der auf dem Arm eingravierten KZ-Nummer von Auschwitz lebten (!)

Der Zündel-Prozeß brachte Dinge zu Tage, die die elenden Lügen, mit denen das deutsche Volk über 45 Jahre beschuldigt und beschmutzt und als große Kulturnation der Verachtung preisgegeben wird, in das Land der Märchen und Phantasien verwiesen. Der Zeuge Ditlieb Felderer, ein junger Schwede, der Auschwitz und andere Lager mehrfach untersucht hatte und vor allem viele Fotos vorweisen konnte, die inzwischen der Geschichtswissenschaft zur Verfügung stehen, teilte dem Gericht mit, „daß es unmöglich ist, daß die angeblichen sechs Millionen in Rauch aufgegangen sind, wie dies etablierte Historiker behaupten" (Wa Nr.36, S.9).

Als der Kronanwalt ihn nach seiner geistigen Gesundheit Fragen stellte, konterte Felderer: „er habe bereits ein solches Gesundheitszeugnis. Die schwedische Regierung habe ihn nach Rückkehr vom Toronto-Prozeß 1985 arg ‚zwischengenommen', eine psychiatrische Untersuchung veranlaßt und ihn zeitweilig ins Gefängnis gesperrt..."

Belustigend klingt es, wenn Felderer mitteilt, „daß das größte Gebäude in Auschwitz I eine Küche war, und er stellte die theoretische Frage, warum wohl das größte Gebäude in einem angeblichen Vernichtungslager zur Zubereitung des Essens benutzt worden sei..." (Wa36, S.9)

„Aus dem Zwang dieses groß aufgezogenen Verfahrens wurden darüber hinaus noch völlig neue Erkenntnisse zusammengestellt, die für die historische Forschung epochemachend sind. Fachleute, die ursprünglich selbst an den Holocaust geglaubt hatten, haben hier Pionierarbeit geleistet, an der kein Historiker oder Bundespräsident vorbeigehen kann. (Wa36, 8)

Der Leiter des Krematoriums in Calgary/Kanada, Ivan Lagace, sagte im Zündel-Prozeß als Experte für Krematoriumstechnik aus und rechnete als Sachverständiger vor, wie unrealistisch die Zahl der angeblich in Auschwitz Eingeäscherten war, da an einem Tag in einer Retorte nicht mehr als drei Verbrennungen vorgenommen werden können. Er führte die Abkühlpausen an und erklärte, daß bei Nichteinhalten dieser Pausen, die Leichen Feuer fangen, ja die Retorten sich schon gar nicht öffnen ließen und eine Zerstörung des Krematoriums und Abbrechen der feuerfesten Auskleidungen im Ofen die Folge seien. (Wa36, S.13)

Unerklärlich ist es, wie ein Prof. Raul Hilberg in demselben Gerichtssaal 1985 unter Eid (!) von 600 000 Toten sprach, während die Ghetto-Chronik von Lodz den natürlichen Tod von 43 411 Juden vom September 1939 bis Herbst 1944 erwähnt. Im Warschauer Ghetto verstarben in der gleichen Zeit nach jüdischen Berichten 26 950 Juden eines natürlichen Todes, während 19 929 im Kampf gefallene Aufständische waren (Wa36, S.13). Gerade dieser Zahlenvergleich veranschaulicht doch, wie verantwortungslos mit Zahlen umgegangen wird, wenn es um den „Holocaust" geht, den die Deutschen verschuldet haben sollen! Wann werden diese gemeinen Lügner und Verbreiter von Falschnachrichten mal vor Gericht geladen? Wie viele Deutsche sind aufgrund solcher Zahlen zum Tode verurteilt worden, weil man sie folterte oder frisierte Zeugen Aussagen machen ließ? Aber alles, was den Zionisten recht ist und zur Vernichtung deutscher Menschen führt, ist wohlgetan.

Unwillkürlich fragt man sich, wie die höchsten Würdenträger der BRD – selbst der Justizminister – mit Verleumdungen, Lügen und Sondergesetzen ruhig schlafen können? Wer wendet denn nun endlich den „Schaden ab vom deutschen Volk?" Jeder dieser politischen Repräsentanten der BRD hat doch den „Amtseid" feierlich mit erhobener Hand geleistet!

Über Zustände im Lager Auschwitz sagte im Toronto-Prozeß Frau Maria van Herwaarden aus, „daß ihr jüdische Häftlinge nicht aufgefallen seien, da alle Häftlinge gleich behandelt wurden . . . Sie könne sich jedoch erinnern, daß Juden in Birkenau ‚gute Jobs' hatten: in der Verwaltung, als Ärzte, in der Registratur, als Blockälteste, die die Verpflegung ausgaben. Juden hätten im Lager weder ein gelbes Dreieck noch den Judenstern getragen." (Wa, Nr.36, S. 11)

Es ließe sich nun manche wissenswerte Einzelheit vom „Zündel-Prozeß" berichten, was aber selbst in den „Historischen Tatsachen" von Udo Walendy Nr. 36 nachgelesen werden kann. Eine wesentliche Aussage möchte ich hier von Herrn Mark Weber anführen, der an Universitäten in Portugal, Illinois, Indiana, und sogar in München, auch an Instituten und Archiven neuzeitliche europäische Geschichte studiert hat. Dabei kam er beim Studium der deutschen Geschichte auf das Thema „Holocaust".

Er war beim Zündel-Prozeß als Experte zugelassen und sagte aus, daß die Harwood-Schrift „Starben wirklich 6 Millionen?" richtig belegt sei, wenn sie auch kleine Fehler enthalte.

„SIE SEI GESCHRIEBEN WORDEN, UM DARZUTUN, DASS ES IN DEUTSCHLAND KEINEN PLAN UND AUCH KEINE PLANDURCHFÜHRUNG GEGEBEN HABE, MIL-LIONEN JUDEN NUR DESHALB UMZUBRINGEN, WEIL ES JUDEN WAREN.

Zu dieser Erkenntnis sei er nach Prüfung unzähliger Dokumente und Einzelheiten, auch Aussagen von Überlebenden und Berichten von Historikern gekommen."

Auch das Zahngold kam zur Sprache, als der Kronanwalt Pearson einen Bericht über die Lösung der Judenfrage in Galizien vorlegte. Herr Weber antwortete auf dieses „Dokument" mit 11,73 Tonnen allein an Zahngold, daß – 26,7 Gramm pro Person – das im Dokument behauptete Gesamtgewicht mehr als das Doppelte der gesamten Jahresproduktion an Gold von ganz Canada ausmacht. Da mußte selbst Kronanwalt Pearson passen. (Wa36, S.10/11)

Nun liegen einwandfreie Sachverständigen-Gutachten vor – von Experten der heutigen Zeit von dem Ing. Fred A. Leuchter, der z.B. die neue Gaskammer im Zuchthaus Jefferson City entwarf, der acht Tage in Polen Gesteinsproben neben anderen Untersuchungen in den KL entnahm und diese von Dr. James Roth, Manager of Alpha Analytical Laboratories in Ashland, chemisch untersuchen ließ. Die Prüfungen ergaben, daß in den aus Wänden, Böden, Decken inner-halb der angeblichen Gaskammern von Auschwitz I und Birkenau entnommenen Proben entweder keinerlei Spuren von Zyanid oder äußerst geringe Anteile festgestellt wurden. Einzige Ausnahme war die ehemalige Entlausungskammer Nr. 1 in Birkenau.

Prof. Dr. Faurisson war es geglückt, diesen Gaskammerspezialisten Ing. Fred Leuchter aufzuspüren, der auch in Polen vor Ort alle erforderlichen Untersuchungen anstellte.

Da der 193 Seiten umfassende Leuchter-Bericht hier nicht gebracht werden kann, bringe ich die Abhandlung darüber von Prof. Robert Faurisson.

Der französische Revisionismus nach dem Leuchter-Bericht

Von Robert Faurisson

Am 20. und 21. April 1988 wurde anläßlich eines Prozesses gegen den Revisionisten Ernst Zündel vor einem Gericht in Toronto (Kanada) der 193seitige Leuchter-Bericht von seinem Verfasser vorgelegt und erläutert. Der Verfasser ist ein Ingenieur aus Boston, Spezialist für den Entwurf und den Bau von Gaskammern zur Hinrichtung von zum Tode Verurteilten. Das technische Gutachten kommt zu der sachlichen Schlußfolgerung, daß es in Auschwitz, in Birkenau und in Majdanek keine Gaskammern zur Menschentötung gab. Es enthält u.a. das Ergebnis einer in einem amerikanischen Laboratorium durchgeführten chemischen Analyse von 32 an Ort und Stelle entnommenen Gesteins- und Mörtelproben.

Dieser Bericht ist dem Chruschtschow-Bericht seiner historischen Bedeutung nach vergleichbar. Er beweist, daß die Historiker der revisionistischen Schule Recht hatten.

Er bestätigt, daß die jüdischen Organisationen, allen voran der Jüdische Weltkongreß, sich zu Unrecht für den Mythos der Gaskammern und des Völkermordes verbürgen.

Die Verantwortlichen dieser Organisationen waren der jüdischen Gemeinde in aller Welt keine guten Hirten. Heute befindet sich diese in einer Sackgasse mit einer unüberwindlichen Mauer vor sich: der Holocaust-Lüge.

Man hätte auf die Warnungen einiger jüdischer Einzelpersonen hören sollen, die die Klarsicht und den Mut hatten, auf verschiedene Weise ihren Beitrag zur Revision der Geschichte des Zweiten Weltkriegs zu leisten. Schon 1968 hatte Olga Wormser-Migot das Vorhandensein rein mythischer Gaskammern angeprangert. Edgar Morin hatte wiederholt darauf hingewiesen, man müsse die Gaskammerfrage neu untersuchen und dürfe sich dabei nicht von Tabus und von dem Sakrosankten einschüchtern lassen. Noam Chromsky war für das Recht zum Zweifel und für die Freiheit der Forschung eingetreten. Jean-Gabriel Cohn-Bendit (Bruder des Roten Danny aus Frankfurt) hatte hinsichtlich der Gaskammern für die Revisionisten Partei ergriffen. Gabor Tamas Rittersporn hatte sich den von jüdischen Organisationen verklagten Revisionisten zur Seite gestellt. Claude Karnoouh und Jacob Assous bekundeten ihre Verbundenheit mit dem revisionistischen Gedankengut auch noch vor Gericht.

Die Verantwortlichen der jüdischen Organisationen und Institutionen zogen es jedoch vor, gegen die Revisionisten, ob jüdische oder nichtjüdische, mit Verbalinjurien, mit tätlichen Angriffen, mit polizeilicher und gerichtlicher Unterdrückung vorzugehen. So konnte man Revisionisten ermorden oder mit Säure beschütten, sie einsperren, sie ihrer Existenz berauben, ihre Wohnungen in Brand setzen, sich an ihren Frauen und Kindern vergreifen, sie mit Prozessen, Verurteilungen, gerichtlichen Veröffentlichungen, mit maßlosen Kosten überhäufen, ihre Gehälter pfänden, sie bis zur öffentlichen Zurücknahme, ja sogar zum Selbstmord treiben. Die Medien hetzten unter diesen Umständen immer wieder gegen die Revisionisten. Am 1. Juli 1987 erließ die „Fédération des Sociétés de Journalistes", die mehr als 2000 Journalisten der drei Hauptkanäle des Fernsehens sowie der bedeutendsten Rundfunkstationen und Presseorgane umfaßt, einen Aufruf zu unverzüglichen gerichtlichen Unterdrückungsmaßnahmen gegen die Revisionisten. Mit der Unterschrift von Bruno Frappat rief die große Tageszeitung „Le Monde" zur allgemeinen Entrüstung gegen die Revisionisten, diese „Starrköpfe der Lüge und der Fälschung", diese „Geschichtsgangster" auf (5./6. Juli 1987, S 31).

Dieselben Verantwortlichen jüdischer Organisationen und Institutionen sahen sich schließlich veranlaßt, auf ihre Lieblingswaffe zurückzugreifen: auf die gerichtliche Unterdrückung.

In den letzten zehn Jahren (1978-1988) war es ihre Taktik − und ist es immer noch −, jeder Diskussion mit den Revisionisten aus dem Wege zu gehen, ihnen den Zugang zu den Medien zu versperren und sie vor die Gerichte zu zerren. Aber, wie Pierre Vidal-Naquet mit Bitterkeit feststellen mußte, ist „die gerichtliche Unterdrückung eine gefährliche Waffe, die sich auf jene richten kann, die sie handhaben" (Les Assassins de la Memoire, ed. de la Découverte, 1987, S. 182).

In Frankreich gelang es den Revisionisten schließlich, die einzigen Personen aufzurütteln, vor denen sie sich äußern konnten: die Richter. Während die Journalisten jede Muße hatten, auf einer Haltung zu beharren, die darauf hinauslief, die Revisionisten zu verurteilen, ohne sie auch nur anzuhören, waren die Richter ihrerseits sehr wohl dazu gezwungen, sich die Argumente der Revisionisten anzuhören; so fanden sie nach und nach den wahren Sinn des Revisionismus heraus, welcher nichts mit Rassismus oder irgendeiner politischen Ideologie zu tun hat, sondern auf wissenschaftlichen und technischen Forschungsarbeiten beruht.

Man muß wissen, daß bis 1982, d.h. bis zu einem Zeitpunkt, als Revisionisten noch kaum ihre Beweisführung vor den Richtern entwickeln konnten, die Gerichtsurteile ganz besonders hart waren, aber 1983 hat sich der Wind gedreht.

Die Wende von 1983 zeichnete sich vor allem durch einen Beschluß der ersten Zivilkammer des Pariser Landgerichts vom 26. April 1983 ab. An diesem Tage endete ein im Jahre 1979 begonnener Prozeß mit einer Entscheidung, mit der nach Ansicht des gleichen P. Vidal-Naquet „die Ernsthaftigkeit der Arbeit Faurissons anerkannt wurde − da hört sich doch alles auf − und er alles in allem nur deswegen verurteilt wurde, weil er böswillig gehandelt habe, indem er seine Thesen in Slogans zusammenfaßte" (aaO.).

Mit dieser Entscheidung gingen die Richter soweit, jedem Franzosen das Recht zu gewährleisten, zu sagen, daß die Gaskammern eine historische Lüge sind. Die Gerichtsentscheidung wurde nicht auf Grund der Notwendigkeit der freien Meinungsäußerung, sondern angesichts der Ernsthaftigkeit der revisionistischen Schlußfolgerungen bezüglich dessen gefällt, was das Gericht selbst „das Problem der Gaskammern" zu nennen beschloß; denn es gab hier ein Problem!

Ab Ende 1983 bis Ende 1988 überstürzten sich die Ereignisse. Indem sie zur Offensive übergingen, erreichten die Revisionisten die Verurteilung des „Recueil Dalloz Sirey" (in der ersten Instanz, in der Berufung und vor dem Kassations-Gericht). Sie, die man ohne Beweise beschuldigt hatte, Fälscher zu sein, sie bewiesen, unterstützt durch unwiderlegbare Beweise, daß ihre Gegner, die sogar in den Spalten der ehrwürdigen Gerichts-Zeitschrift Unterschlupf gefunden hatten, selbst die Texte in schwerwiegender Weise gefälscht hatten (ganz wie die Zeitung „Le Monde" über das gleiche Thema).

Am 16. Dezember 1987 entlud sich ein gerichtlicher Donnerschlag. Pierre Guillaume, Direktor der „Annales d'histoire Révisionniste" (AHR), erreichte durch eine Entscheidung des Landgerichts von Paris die Aufhebung des zum Zeitpunkt des Barbie-Prozesses (Mai 1987) durch den Richter Gérard Pluyette auf dem Wege einer einstweiligen Verfügung gegen die erste Ausgabe der neuen Zeitschrift verkündeten Verbots. Und dieses Mal gingen die Richter soweit, jedem Franzosen das Recht zu garantieren, zu sagen, daß nicht nur die Gaskammern sondern auch der Völkermord eine historische Lüge ist (offen gesagt ein und dieselbe Lüge, da eine spezifische Tat und eine spezifische Tatwaffe nicht voneinander zu trennen sind). Für diese Richter handelte es sich hier „um den freien Austausch von Gedanken und Meinungen und um eine öffentliche Diskussion unter Historikern".

Die den revisionistischen Autoren zuerkannte Eigenschaft als „Historiker" und diese Feststellung bezüglich einer „öffentlichen Diskussion" rief bei den Verfechtern der Judenvernichtungsthese große Bestürzung hervor, und sie entschlossen sich dazu, Berufung einzulegen.*

1988 erhielt der Staatsanwalt Domingo hintereinander zwei Nasenstüber. Zweimal hatte er Pierre Guillaume strafrechtlich wegen Rassenhetze verfolgt, und zweimal (am 7. November und 20. Dezember) wurde er mit seiner Klage abgewiesen.

---

* Das Berufungsgericht hat fürs Erste eine aufschiebende Entscheidung getroffen, mit Rücksicht darauf, daß „das Strafrecht das Zivilrecht in der Schwebe hält" und daß man noch den Ausgang einer – wunderlichen – Klage abwarten muß, die 1987 von einem Staatsanwalt in Auch (Gers) gegen die erste Ausgabe der AHR wegen . . . Rechtfertigung der Kriegsverbrechen und Verbreitung von Falschnachrichten erhoben wurde.

Auch in Frankreich haben die Politiker, sowohl von der Rechten als auch von der Linken, sich bisher in der Verfechtung der Judenvernichtungsthese gegenseitig überboten. Am 20. September 1987 hatte Charles Pasqua, seinerzeit Minister des Inneren, versichert, daß, hinge es von ihm ab, *„Professor Faurisson ins Gefängnis wandern würde"*. Am 2. April 1988 hatte Georges Sarre im Namen der Gruppe der sozialistischen Abgeordneten einen Vorschlag eingereicht, der gegen die Verfechter *„revisionistischer Thesen"* eine Freiheitsstrafe von einem Monat bis zu einem Jahr, eine Geldstrafe von 2000 bis 300 000 F und Auferlegung der für zwangsweise erfolgende gerichtliche Veröffentlichungen anfallenden Kosten vorsah. Dieses *„Lex Faurissonia"* würde darauf hinauslaufen, eine amtliche, von der französischen Polizei und Justiz geschützte Wahrheit zu schaffen. Es würde naiverweise beweisen, daß die Gegner des Revisionismus selbst eingestehen, derzeit vor einem juristischen Vakuum zu stehen. Die von der Regierung auf Grund der herrschenden Mächte eingeleiteten Verfahren sind nur Lotteriespiele: die Staatsanwälte, deren Feder per Definition leibeigen ist, hoffen auf willfährige Richter zu stoßen.

Charles Pasqua und Georges Sarre zeigen derzeit ein niedriges Profil. Die Journalisten spüren die Stunde der Wende: In seinen Startlöchern wartete jeder darauf, daß ein kühner Kollege das Startsignal gibt und tatsächlich einem Revisionisten das Wort erteilt.

Die französischen Historiker glänzen durch ihr Schweigen oder ihre Feigheit, ganz nach der tausendjährigen Tradition der Hofhistoriker.

Was die jüdische Gemeinde betrifft, so wird sie von denjenigen Abrechnung verlangen müssen, die sie in so unverschämter Weise betrogen haben: die Milliardäre des Leidens und des Show-Business Elie Wiesel, Edgar Bronman, Robert Maxwell, Samuel Pisar und alle anderen.

Der Revisionismus, so hat man gesagt *„ist das große geistige Abenteuer dieses Jahrhunderts"*.

Wird 1989 das Jahr „1" der revisionistischen Revolution sein?

Literatur-Hinweis

Engineering Report on the Alleged Gas Chambers at Auschwitz, Birkenau & Majdanek (Poland), Foreword by Dr. Robert Faurisson, Institut for Historical Review, 1822 1/2, Newport Blvd., Suite 191, Costa Mesa, California 92627, USA

Der wesentliche Inhalt des Leuchter-Berichts liegt auch in deutscher Sprache vor (*„Historische Tatsachen"*, Nr. 36, S. 20-38, Verlag für Volkstum und Zeitgeschichtsforschung, D-4973 Vlotho/Weser, Postfach 1643, 1988).

Französische Ausgabe: Annales d'histoire Révisionniste, No. 5, S. 51-102; B.P. 9805, F-75225 Paris Cedex 05.

David Irving erklärte am 22. April 1988 bei seiner Zeugenaussage in Toronto, nachdem er den „Leuchter-Bericht" gelesen hatte: dies sei ein zerschmetterndes Dokument, und für jeden künftigen Historiker, der über den Zweiten Weltkrieg berichtet, von wesentlicher Bedeutung.

Das deutsche Volk in allen Staaten ist nun gespannt, wann und ob sich eine der Verantwortung tragenden politischen Persönlichkeiten, die stets die Wahrheit im Munde führen, den Mut aufbringt und mannhaft die festgestellten Tatsachen zum Anlaß nimmt, um alle Lügen und Verleumdungen öffentlich vor aller Welt als das zu erklären, was sie sind und sämtliche Zahlungen, die erpreßt wurden einstellt und zurückfordert.

Aber der „Holocaust im deutschen Volk" wird auf vielen anderen Gebieten von den Regierungen der Bundesrepublik Deutschland, von eigenen Volksgenossen, in schamloser Weise fortgesetzt. Keine Siegermacht und kein Zionist kann dies so gründlich durchführen, als deutsche Bundeskanzler, Minister und die „staatstragenden Parteien". Nur kurz einige traurige Tatsachen:

1. die Aufnahme von Millionen Menschen aus fremden Kulturkreisen zur „Integration" und wahlberechtigten Staatsbürgern der BRD.
2. Der verbrecherische Drang zur EG, zum Binnenmarkt und zur europäischen Einheitswährung, an deren Ende das deutsche Volk seine Identität, seine Selbständigkeit und eigene zukunftsfrohe Fortentwicklung verloren hat.
3. Die von den Siegermächten schon während des Krieges geplante Umerziehung zur Auslöschung des deutschen Selbstbewußtseins und aller deutschen Werte und Ideale, die das Volk der Deutschen zu einer der größten Kulturnationen der Welt gemacht haben.

Durch die Aufnahme fremder Kulturträger wird die dynamische, schöpferische Veranlagung der Deutschen ausgelöscht, der Wehrwille zur Verteidigung gemindert und die gegen jedes Naturgesetz lebensunfähige multikulturelle Gesellschaft geschaffen.

Man fühlt sich in ein Irrenhaus versetzt, wenn man erfährt, daß das Bundesverwaltungsgericht der BRD laut „Code Nr. 12" vom

Dezember 1988 nach neuester Rechtsprechung „ein Paradies für Schwule" geschaffen hat. Danach genießen alle Homosexuellen, die in ihren Heimatländern deshalb verfolgt werden, Asylrecht in der Bundesrepublik. Nach Beschluß des Bundesverwaltungsgerichts haben solche Iraner Anspruch auf Asyl in der BRD, weil ihnen unter dem Regime im Iran die Todesstrafe drohe. Das bedeutet:

„Sämtliche Homosexuellen aus Ländern, in denen der Koran oberstes Gebot ist, haben nun automatisch Anspruch auf Asyl in der BRD. Sind es Tausende oder Millionen, die sich nun auf ihr ,Recht' auf Asyl berufen werden, wenn sich dieses Urteil herumspricht? . . ."
In jedem normalen Staat werden Richter, die solche Urteile zum Schaden des eigenen Volkes fällen, sofort entlassen und vor Gericht gestellt. In der BRD gibt es aber keinen verantwortlichen Politiker, selbst keinen Bundeskanzler, der die Aufhebung dieses Beschlusses umgehend anordnet, weil dem deutschen Volk damit unberechenbarer Schaden zugefügt wird. Warum gab es eigentlich im Deutschen Reich den § 175? Das war doch keine Laune des Gesetzgebers!

Durch den krankhaften Zug von Bundeskanzler Kohl zur EG wird zuerst der Bauernstand in der BRD vernichtet, der stets der Lebensquell für das deutsche Volk in seiner Geschichte war, die wesentlichen Rechte des Volkes werden an eine deutschfeindliche Behörde in Brüssel abgetreten, die nur zum Zwecke der Vernichtung Deutschlands aufgebaut wurde. Bis zur letzten DM werden wir ausgepreßt mit Hilfe unserer Politiker, die selbstherrlich ohne Volksbefragung handeln und Westdeutschland fremden Mächten ausliefern. Jedes Jahr muß die BRD größere Milliardenbeträge abführen, damit die anderen EG-Staaten mit ihren Finanzministern sich über die naiven Deutschen ins Fäustchen lachen können.
Beim dritten Punkt steht an erster Stelle die hohe Abtreibungsquote, die von christlichen Würdenträgern wie Dr. Kohl, Dr. Geißler und Prof. Dr. Süßmuth z.B. auf verhängnisvolle Weise gefördert werden, sogar von den Krankenkassen bezahlt werden müssen. Die Bundesrepublik Deutschland treibt seit Jahrzehnten ein Hasardspiel mit seinen Finanzen, die ein unverantwortliches Defizit aufweisen. Welcher

Bundeskanzler, welcher Finanzminister kann dies vor seinem Gewissen verantworten? Wenn man sich vergegenwärtigt, welche Milliarden jährlich verschenkt werden an alle möglichen Länder, Feindstaaten und die UNO z.B., bei der wir noch geächtet sind, verschlägt es einem den Atem. Von der Verwaltung werden auch jährlich zwischen 6 und 12 Milliarden verplant. Spitzenreiter ist das neue Bundeshaus. Völlig verantwortungslos ist der Autoeinkauf für Staatssekretäre. Aber bei 4-5 Milliarden für die Absicherung der Familie muß monatelang gerungen werden (Anmerkung 9)!

Dieser Staat ist auf der Lüge aufgebaut, die schon von den Siegermächten im Grundgesetz festgeschrieben wurde: „. . . das deutsche Volk hat kraft seiner verfassungsgebenden Gewalt dieses Gesetz der BRD beschlossen." Dazu ist festzustellen, daß die Bevölkerung Westdeutschlands nie eine verfassungsgebende Gewalt ausüben konnte, weil es von den Besatzungsmächten in Schach gehalten und der Umerziehung durch die eigene Regierung, Medien und Presse unterworfen ist. Die deutsche Bevölkerung wurde seit 1949 nie um ihre Meinung befragt und kann keinen Einfluß auf die Politik ausüben, auch durch das Wahlrecht nicht, weil nur von den Siegermächten oder den „staatstragenden Parteien" wohlgefällige Persönlichkeiten als handelnde Politiker zugelassen werden. Der Wähler kann nur Direktkandidaten in den Bundestag bringen, alle anderen Gewählten werden von den Parteien bestimmt.

Schließen wir das Thema vom Holocaust im deutschen Volk – zu dem noch vielerlei vorzutragen wäre – mit jenem „Zweiten Mann" der BRD, der es vor surrenden Fernsehkameras und der Weltöffentlichkeit im Bundestag wagte, die Wahrheit über geschichtliche Zusammenhänge zu sagen, die über ein halbes Jahrhundert zurückliegen. Nur noch der Rücktritt vom Amt konnte den Politiker Philipp Jenninger vor Schlimmerem retten.

Das ist typisch für die Bundesrepublik Deutschland und zeigt einmal mehr die politische Landschaft in der besetzten Bundesrepublik. Jedem aufmerksamen Beobachter ist doch längst klar, daß nicht die Wahrheit für Deutschland, sondern jene Verleumdungen und Lügen von den Hilfstruppen der Sieger bei uns täglich verbreitet werden, die von den Feindmächten als Dogma verordnet wurden. Denken wir an den Deutschen Bundestag, als er gegen den Willen der Volksmehrheit und der sachlich urteilenden Bürger die bewährten Strafrechts- Verjährungsbestimmungen aufhob, um den deutschen Soldaten oder Wachmann eines KL bis zum Tod verfolgen und bestrafen zu können. Dieser Bundestag ist es auch, der gegen alle Moral jegliche Wahrheitsforschung und Klärung über behauptete Verbrechen von Deutschen durch deutsche Geschichtswissenschaftler unmöglich macht und sogar mit Sondergesetzen noch unter Strafe stellt.

Wer hat es irgendwann einmal erlebt, gehört oder gelesen, daß ein Bundestag, ein Minister oder Bundespräsident eine Untersuchungskommission eingesetzt hat, um eine schändliche Behauptung oder ein Deutschland oder seine Menschen angedichtetes Verbrechen klären zu lassen? Niemals wurde der Sachverhalt endgültig klargestellt, damit ein behauptetes Verbrechen seine Auflösung fand und damit ad acta gelegt werden konnte. Kommissionen erlebten wir nur wegen Geldmanipulationen bei Parteien und Ministern in überreichlicher Menge!

Unschuldig einsitzende Deutsche wie Major Reder, der SS-Offz. Barbie oder die Zwei von Breda wurden von Regierungsseite nicht unterstützt oder ihre Freilassung mit Nachdruck gefordert. Überall überbieten sich unsere Herren bei Kranzniederlegungen an Partisanendenkmalen, ohne zu empfinden, daß sie den deutschen Soldaten oder Zivilisten und seine Familien damit demütigen, die von Partisanen auf grausamste Art ins Jenseits befördert worden waren.

Der neugebackene bayerische Ministerpräsident will die „KZ-Gedenkstätte Dachau" ausbauen: „Die Staatsregierung hat eine vom Ministerium für Unterricht und Kultur vorgelegte Konzeption zur Verbesserung der pädagogischen Betreuung jugendlicher Besucher der KZ-Gedenkstätte Dachau und für ein Jugendgästehaus in der Stadt Dachau gebilligt." Das Aufsichtspersonal wird verstärkt, ein Stiftungsbeirat mit beratender Funktion ist vorgesehen, dem alle wichtigen Gruppen angehören sollen, die verfolgt wurden (DWZ v. 25. Nov. 1988, S. 8). Wer wurde verfolgt, wenn er nicht selbst Veranlassung dazu gegeben hätte, könnte man fragen. Die Juden konnten ausreisen, wenn sie ein anderes Land aufnahm, wie es mit über 550 000 Juden geschah, die das Deutsche Reich einschl. Österreich verließen.

Es waren ausländische Juden, Vertreter des Judentums der Welt, die dem Reich seit Jahren den Krieg zur Vernichtung der Deutschen erklärt hatten. Damit waren die Juden eine kriegführende Nation, die mit über 1,4 Millionen Mann gegen das Deutsche Reich im Kampf stand. So war anfangs der vierziger Jahre eine Internierung erforderlich, wie sie bei unseren Feindstaaten schon am 3. Sept. 1939 – sofort nach den Kriegserklärungen Englands und Frankreichs – vorgenommen wurde. Das Deutsche Reich faßte erst 1941/42 die Juden in Lagern zusammen. Ein gewisser Teil reichsdeutscher Juden blieb hin seiner Tätigkeit nach-

st" durch die verschieden- ch fragen, was die Bayeri- bau" in Dachau auszuführ- itung von Schulklassen mit len Feindparolen ein Ende den von unseren Feinden e Kinder so gut wie nichts. ngen Deutschlands, die im die Feindmächte angeord- rzutragen sind (DWZ vom

it werden wir noch einige ben müssen, bis sich die ändert. Mit der gemeinen chte fast 45 Jahre in den en schänden können, weil e für die Feindseite tätig

nt, daß sie trotz allem den en. Sie mußten enttäuscht z der Millionenmorde, der nen Städte mit Brand- und ahrzehntelanger Besetzung gebietes keine Vernichtung sen zur Kenntnis nehmen,

a) Seite 18 des Urteils:

„1. Das Grundgesetz – nicht nur eine These des Völkerrechtes und der Staatslehre – geht davon aus, daß das Deutsche Reich den Zusammenbruch 1945 überdauert hat und weder mit der Kapitulation noch durch Ausübung fremder Staatsgewalt durch die alliierten Okkupationsmächte noch später untergegangen ist; das ergibt sich aus der Präambel, aus Art. 16, Art. 23, Artikel 116 und Art. 146 GG."

b) Seite 20 des Urteils:

„Aus dem Wiedervereinigungsgebot folgt zunächst: Kein Verfassungsorgan der Bundesrepublik Deutschland darf die Wiederherstellung der staatlichen Einheit als politisches Ziel aufgeben, alle Verfassungsorgane sind verpflichtet, auf die Erreichung dieses Zieles hinzuwirken, das schließt die Forderung ein, den Wiedervereinigungsanspruch im Innern wach zu halten und nach außen beharrlich zu vertreten – und alles zu unterlassen, was die Wiedervereinigung vereiteln würde."

(zu Seite 171)

daß seit Jahren ein Umbruch eingesetzt hat, der an Bedeutung ständig zunimmt. In den Siegerstaaten läßt sich aber ein Zerfall kaum mehr aufhalten. Alles Unrecht rächt sich auf Erden, und Europa wird mit seiner Zentralmacht Deutschland seinen eigenen Weg gehen.

Trotz der Holocaust-Prozesse in Paris, Toronto und in Österreich, kämpfen die Lügner, die den Boden unter den Füßen verloren haben, mit ihrer Lügentaktik weiter. Der „Holocaust-Professor" Yehuda Bauer hatte 1982 ein Buch geschrieben, in dem er richtig aussagte, daß es in Mauthausen keine Gaskammer gegeben hat. Im Schreiben vom 5. Juni 1988 gibt er nun zu, daß er sich geirrt haben muß, weil es doch eine kleine Gaskammer gab, in der allerdings nur sowjetische Kriegsgefangene vergast wurden. So richtet seit 45 Jahren jede Lüge eine neue Verwirrung an (HALT, Nr. 48-März/April 1989).

Für uns Deutsche ist es gut zu wissen, daß jeder Krug nur so lange zum Brunnen geht, bis er bricht. Müssen wir auch unter Besatzungsmächten und ohne Schutz des internationalen Völkerrechts leben, so haben wir dennoch mit Ehre und Stolz den Feindmächten zu beweisen, daß wir nicht im Bußgewand einhergehen wie zum Beispiel die Herren von Weizsäcker, Kohl und Genscher.

Wir wissen, daß die Stunde kommt, wo wir wieder frei sind und unsere Politiker von heute vor den Schranken des Gerichts stehen, weil sie trotz feierlichem Eid keine deutsche Politik, d.h. keine deutschen Interessen vertreten haben, sondern gegen das eigene Volk tätig waren. Bei jeder Gelegenheit haben sie die feindlichen Ziele zur Vernichtung unseres Volkes unterstützt. Ihr schändliches Tun gipfelt im millionenfachem Abtreibungsmord und im Asylantenzustrom.

In ihrem Verhalten nicht zu überbieten waren Bundespräsident von Weizsäcker und Bundeskanzler Dr. Kohl mit ihren Beileidsbezeugungen beim plötzlichen Tode des Präsidenten des Zentralrats der Juden in Deutschland, Werner Nachmann. Der Bundespräsident würdigte „seine aufopferungsvolle Hingabe" und trauerte um „eine herausragende Persönlichkeit", Kohl um eine „moralische Autorität". Neben anderen bezeichnete der Präses des Bundesverfassungsgerichtes, Herzog, den Tod seines Freundes als „noch nicht abzusehenden Verlust eines Menschen von absoluter Redlichkeit".

Diese „weithin respektierte Persönlichkeit" (Ministerpräsident Rau) mit „aufrichtigem Charakter" (Ministerpräsident Albrecht) setzt in diesem Kapitel „Die Wiedergutmachung" den passenden Schlußpunkt. Übertrumpft wird er allerdings von der israelischen Presse, die den bundesdeutschen Behörden vorwirft, daß sie die Vergabe der Millionen nicht sorgfältig überwacht hätten.

Unwillkürlich denkt man an die Verleihung des Theodor-Heuß-Preises im Jahre 1986, wo unser Bundespräsident dem Gefeierten noch ausdrücklich dankte, daß er diesen Preis angenommen hatte.

Jetzt steht noch immer die Frage im Raum, welchen Weg haben die 33 Millionen genommen? Welche Verwendung fanden die vielen Milliarden DM, die die Bundesrepublik Deutschland untertänigst gezahlt hat? Sind es bereits einhundertvierzig Milliarden? Kein Kanzler hat der Bevölkerung der Bundesrepublik bisher Rede gestanden! Was gab es für eine Begründung für diese unfaßbaren Geldbeträge an einen Staat, der erst 1948 gegründet wurde, wo alle Holocaustlügen geplatzt sind?

Erst wenn das deutsche Volk die schändlichen Sklavenketten ablegen kann, die rachsüchtige Feinde uns angelegt haben, wird in Europa wieder ein Friede möglich sein. Wenn jedes europäische Volk seiner Art und Begabung entsprechend leben kann, wird unser Kontinent wieder eine politische Kraft darstellen, nicht mehr Spielball fremder Mächte sein.

Europäischer Geist und europäische Kultur werden dann ihre jahrtausendalte, ungebrochene Ausstrahlungskraft erneut beweisen und den Frieden in der Welt sicherer machen.

Die ersten Schritte sind dazu gemacht, weil das Krebsgeschwür Auschwitz ausgeräumt und der Holocaustrummel geplatzt ist. Jene Macht, die 1942 die Holocaustlüge erfunden und fast 45 Jahre täglich erneut verkündet hat, steht am Abgrund der Geschichte des Völkerlebens, weil sie sich gegen die Moral und die Naturgesetze des Kosmos vergangen hat und weiter vergeht. Mit ihr können auch die Sondergesetze des Hans Engelhard verschwinden, weil niemand mehr zweifelt.

Mit immer größerem Grimm erkennt das deutsche Volk, daß die Regierungen aller drei Staaten stets die fremde Gewalt der Feinde unseres Volkes anerkennen und würdelos Befehle ausführen. Kein Bonner Politiker hat je die Wahrheit für Deutschland gefordert! Warum wird seit 1945 nur die grausame Politik der Eroberung und Vertreibung von deutscher Seite unterstützt? Warum wird überall die Vernichtungspolitik der verbrecherischen Sieger vertreten, kein möglicher Widerstand geleistet und das Recht für Deutschland gefordert? Diese Fragen beantwortet uns weder ein Herr v. Weizsäcker, ein Herr Kohl, noch eine Frau Rita Süßmuth!

Diese Persönlichkeiten als die höchsten Amtsträger der Bundesrepublik lassen es an genügender Aufsichtspflicht fehlen gegenüber Arbeitsgruppen ihrer Partei. Denn es ist immer deutlicher zu erkennen, daß sich die CDU/CSU für das kommunale Wahlrecht für Ausländer aus allen EG-Staaten einsetzt. Das ist aber nur der erste Schritt zur Vergabe des Wahlrechts auf allen Ebenen und an alle Ausländer in der Bundesrepublik Deutschland.

Es besteht kein Zweifel, daß diese Parteien gegen das Grundgesetz verstoßen, das nicht für Ausländer irgendwelcher Staaten gilt. Eine Arbeitsgruppe der CDU/CSU hat ein Papier ihres Vorsitzenden Gerster (CDU) gebilligt, das diesen verhängnisvollen Weg vorschlägt. Mit solchen Politikern begeben wir uns auf einen verhängnisvollen Weg, den Morgenthau schon vorgeschlagen hatte. Nur betreiben wir die Ausrottung des deutschen Volkes selbst und freiwillig, durch Geburtenstreik, Abtreibungen und Ausländermanie.

Ein typisches „Muster politischer Verhaltensweisen" von deutschen Politikern konnte der Bundesbürger anläßlich des Staatsbesuches von Israels Staatspräsident Chaim Herzog feststellen. Die FAZ vom 7. und 8. April bringt folgende Zitate:

Chaim Herzog:
„Kein Verzeihen habe ich mit mir gebracht – und kein Vergessen. Nur die Toten haben das Recht zu verzeihen, und den Lebenden ist nicht erlaubt zu vergessen . . ."

Richard v. Weizsäcker:
„Kein Israeli kann einem Deutschen begegnen, ohne sich der Leiden der Juden unter dem Nationalsozialismus zu erinnern. Kein Volk hat damit mehr Unrecht, Verfolgung und Tod erlitten als das

jüdische Volk. Gegenüber dem Holocaust kann es kein Vergessen geben."

Helmut Kohl:
„Wir Deutschen müssen mit der schrecklichen Wahrheit leben, daß den Juden in den Jahren des Nationalsozialismus von deutscher Seite unsagbares Leid zugefügt wurde. Wir wissen auch, daß das Verbrechen dieses Völkermordes in seiner kalten, unmenschlichen Planung und seiner tödlichen Wirksamkeit in der menschlichen Geschichte einmalig ist."

Dem Leser überlasse ich es, sich schaudernd abzuwenden oder tief betroffen eigene Schuld zu empfinden.

Ich möchte all der deutschen Opfer gedenken: der über eine Million Bombenopfer, der über drei Millionen gefallener Soldaten, der über 3,28 Millionen Vertreibungsopfer deutscher Ostprovinzen, der 1,6 Millionen nach Kriegsende in der Gefangenschaft umgekommenen deutschen Soldaten, der über 900 000 nach Kriegsende in die UdSSR verschleppten deutschen Zivilisten, von denen knapp eine halbe Million in Feindesland verstorben ist, der über 100 000 Deutschen, die nach Kriegsende in der sowjetischen Besatzungszone umgebracht worden sind. Weiter möchte ich der insgesamt 15 Millionen europäischen Toten gedenken (hiervon fünf Millionen Deutsche) die nach dem 8. Mai 1945 aus politischen Gründen seitens der „Befreier" umgebracht wurden. (Wal 31,3)

Wie sagte doch Israels Staatspräsident Chaim Herzog:

„Nur die Toten haben das Recht zu verzeihen, und den Lebenden ist nicht erlaubt zu vergessen."

ANMERKUNG Nr. 1:

Das jüdische Weltprogramm von 1905

Das Rathaus

Jedem jedes das Seine

— Für die Schriftleitung verantwortlich: — Karl Schierenbeck, Bremen, Neuenstraße 7. — Alle für die Schriftleitung bestimmten Anfragen, Zuschriften usw. sind an die Schriftleitung, Bremen, Richtweg 23 zu richten. — Die Geschäftsstelle des Bezirksvereins Bremen der Deutschnationalen Volkspartei ist geöffnet von 9—11½ Uhr und 4—7 Uhr, Sonnabends von 9—11½ Uhr.

— Für Druck und Versand verantwortlich: — Karl Schierenbeck, Buchdruckerei, Bremen, Neuen-Straße 7 (Roland 4575). — Bezug Nr. 4. — vierteljährlich frei durch die Post ins Haus, Einzelheft 25 Pf., dazu der ortsübliche Teuerungszuschlag. — Bestellungen werden entgegengenommen: Richtweg 23 u. Neuen-Str. 7. Den Mitgliedern der Deutschnationalen Volkspartei wird das Rathaus unentgeltlich zugestellt.

Nr. 17 | **Bremen, den 24. April 1921** | **2. Jahrgang**

Ein jüdisches Weltprogramm vom Jahre 1905.

Die angesehene allgemeine Ev.-Luth. Kirchenzeitung veröffentlicht folgenden Artikel:

Die russische politische Polizei ist im Jahre 1905 in den Besitz eines in hebräischer Sprache geschriebenen Exemplars des hier folgenden Protokolls gelangt, das aber offenbar nicht das Original, sondern bloß eine Abschrift darstellt. Professor Nilus, Doktor der hebräischen und chaldäischen Sprache und Berater des Auswärtigen Amtes in Petrograd, wurde beauftragt, diesen Text zu untersuchen, zu übersetzen, und die russische Regierung fand ihn wertvoll genug, um ihn in einer sehr beschränkten Anzahl von Exemplaren einigen Regierungen und wissenschaftlichen Anstalten zu überweisen. So erhielt auch das Britische Museum in London mit dem Stempel der Londoner

auslösen, die dann erfaßt werden, daß politische Probleme nicht dazu da sind, durch die breite Masse mißverstanden zu werden, sondern daß es nötig ist, die Führung denen zu überlassen, welche die älteste Intelligenz vertreten und zur Lenkung der menschlichen Geschicke die innere, durch das Christentum den politischen Erben der alten Römertums, verunmöglichte Berufung in sich haben. Das Volk, gleichviel welches, ist nur eine Hammelherde, und die nichtjüdischen Monarchen sowohl als die liberalen und demokratischen Staatsmänner sind bloße Emporkömmlinge aus dieser Hammelherde, lächerlich eingebildet, ihrer Rolle ewig unsicher, und darum unterm Rate um so zugänglicher, je reicher wir ihnen die Mittel für ihre selbstsüchtige Politik verschaffen und je im Glauben zu bestärken vermögen, daß sie große Staatsmänner und auserlesene Persönlichkeiten seien. Suchen wir ihnen zu dienen und nützlich zu sein, so viel wie möglich, und verschaffen wir uns einen

Post vom 10. August 1906 ein Exemplar, das aber bis auf den heutigen Tag keiner Beachtung gewürdigt wurde. Anläßlich die diesjährigen Be-ständereision des Museums ist die Edition näher untersucht und vom Britischen Museum offiziell veröffentlicht worden.

Man beachte also, daß diese Schrift aus dem Jahre 1905 stammt. Es folge aus ihrem Inhalt:

(In Zusammenfassung des Protokolls.) — Der Rat der Weisen auf Zion ist eine internationale Geheimorganisation der Juden in der ganzen Welt. Er strebt die Weltherrschaft des Judentums an, und nimmt zu dem Zweck in ständigen Konferenzen fortgesetzt Stellung zu allen politischen Ereignissen, geheime Order an seine Unterverbände in allen Ländern erteilend. Eine jüdische Weltherrschaft ist erst nach der Zermürbung aller christlich-nationalen Staaten möglich. Demgemäß beschließt der Rat der Weisen von Zion, was folgt: Es sei in den folgenden Jahren konzentrierter und mit erhöhter Initiative alle Anstrengung des organisierten Judentums darauf zu richten, in die bestehenden politischen Körper alle jene Ideen hineinzupflanzen, welche in ihrer praktischen Folgerung geeignet sein müssen, die Kraft dieser Körper zu brechen. Am zweckmäßigsten hierfür werden sich die Massen des Sozialismus zeigen, die für den Kommunismus zu begeistern und behufsam Schritt für Schritt zu befähigen sind, den Organismus der Staaten zu zerstören und in vollkommenen Anarchismus aufzulösen. Es ist notwendig, daß diese Entwicklung in jüdischen Händen bleibt, um zu verhüten, daß sie in ihren letzten Schlägen sich gegen uns selbst richte. Die Demokratie, die sich aus der Staatskunst des christlichen Europas langsam entwickelt hat und bereits stark geschält ist, muß von uns aus teils verherrlicht und übertrieben und so irregeleitet und diskreditiert werden, damit die andern unter uns immer leichtere Arbeit haben, welche die Aufgabe übernommen, in Theorie und Praxis gegen die Demokratie zu wirken. Die Völker dürfen nie zur Ruhe, zur Pflege ihrer inneren Angelegenheiten kommen. Wir müssen durch unsern Einfluß auf Wirtschaft, Handel, Finanz und Presse das Augenmerk der Völker nach außen richten, ihr gegenseitiges Mißtrauen stärken, sie fortgesetzt sich selbst be-unruhigen lassen. Das stört die Demokratie an ihrem Ausbau und wird jene begünstigen, die einerseits den Zusammenbruch der Gesellschaft erstreben, um ihr Erbe anzutreten, und anderseits hoffen, durch kriegerisch provozierende Bündnisse ihre Machtstellung verbessern zu können. Es wird vor allem die Regierung zwingen, eine geheime Politik und eine offene zu treiben, eine geheime unter sich, die wir kennen, und eine offene gegenüber den Völkern, die wir in ihrer notgedrungenen Unaufrichtigkeit unterstützen müssen. Überreizt sich eine solche Situation zu einer katastrophalen Messung der Kräfte im Eifersucht ausgeschiedenen Bündnisfig, so wird infolge der Katastrophe diese Doppelzüngigkeit der alten Systeme offenbar werden, das Vertrauen in den Staat wird allgemein erschüttert sein, und der Appell an die Demokratie wird nur mehr ein höhnisches Lachen der betroffenen Völker

Einblick in ihre Fehler und die Korruption ihres Systems, damit wir unsern Brüdern, welche die oppositionelle Rolle übernommen haben, die verwundbaren Stellen und Angriffstellen zeigen können, um jene in den Augenblick unschädlich zu machen, da wir die Möglichkeit haben, sie durch unsern Zwecken Dienlicher zu erfassen. Wir beherrschen das Geld, aber wir müssen es noch mehr, wir müssen es ausschließlich beherrschen. Seien wir darum großmütig in der Ausgabe für eine uns gefügige Presse, ein unserm Geist entsprechendes Theater, eine unsre Ideen verbreitende Literatur und Wissenschaft, damit wir das ganze Unternehmertum und die Gesetzgebung unter unsern Einfluß bringen. Eifern wir das genußsüchtige Volk zu jenen Lastern an, welche im Menschen mehr wie andere die idealen Kräfte brechen, das geistige Interesse nehmen, verflachen, materialistieren wir das ganze gesellschaftliche Leben. Geldhunger, materialistische Skepsis und wilde Genußsucht müssen die herrschenden Triebfedern des gesellschaftlichen Lebens werden, damit eine Klasse an der andern sich ärgere, der Haß der einen sich steigere durch die Angriffe der andern, und wir zu jenem Chaos kommen, aus dem die christliche Weisheit keinen Ausweg mehr findet. Was wir zur Einleitung unserer Ziele erstreben müssen, ist vorab ein allgemeiner Krieg, in dem wir die Lehre werfen, daß er keine territorialen Veränderungen bringen dürfe, daß er weder Gutmachung noch Annexion bringen dürfe, und den wir bis zu dem Zeitpunkt anfeuern und anfachen müssen, bis die Völker so kriegsmüde sind, um einen Verzicht-frieden zu schließen. Dann fragen sich die Völker, für was sie Tod gelitten und Blutopfer gebracht haben, und wir entfüllen die Treibereien vor dem Krieg, und in maßloser Wut fallen die Völker über ihre Häupter her. Dabei müssen wir insbesondere bei den von Natur kriegslustigen und kriegssüchtigen Völkern den Ansporn geben, damit die Schwächeren durch gewaltsamen Angriff zur größeren Ausdauer gereizt werden und nicht zu früh erliegen. Der Krieg wird es mit sich bringen, daß wir mehr als in friedlichen Zeiten Einfluß auf die ökonomischen Verhältnisse gewinnen. Nutzen wir dieselben so aus, daß wir es in der Hand haben, die Krisen zu regulieren, sie dort bringen wir das Gold rechtzeitig in unsere Hand. Hindern wir die Massen an der Arbeit, sei es durch Lahmlegung der Produktion, oder durch Austreibung jeglichen Arbeitswillens. Treiben wir auf der einen Seite als Kämpfer für das Proletariat die Löhne ins Unbezahlbare, damit unsere Brüder auf der Produzentenseite gleichzeitig die Produktenpreise so erhöhen können, daß kein Genie die soziale Verwirrung mehr zu lösen vermag, und der weise Christ überall vor Notwendigkeiten steht, zwischen deren Gegen-sätzen kein ungeübter Geist zermalmt wird. Aber auch das wird noch nicht zum Ziele führen, so lange der Interessen des Grundeigentums unberührt sind. Auch die Massen der Bauern müssen in Bewegung gesetzt und entwurzelt werden durch stetige Erhöhung des Zinsfußes, durch auf den Grundbesitz konzentrierten Steuerdruck. Jedes Mittel, das dem Bauern die sozialistischen Einschlag besitzt, war sie für diese nationale Tat nicht zu gewinnen und Stegerwald mußte als Mitglied des Zentrums, von diesem Plane ablassen. Sein Ministerium enthält nur Vertreter des Zentrums und der Demokratischen Partei und — Beamte. Ob dieses Ministerium alt wird, wissen wir nicht. Gegen den Haenisch-Severing-Braun-Kurs bedeutet es immerhin einen Fortschritt.

Auch auf anderen Gebieten scheint man bei der inneren Politik das Vogel-Strauß-Spiel fortzusetzen, den Kopf in den Sand zu stecken und für die Wirklichkeiten des Lebens kein Verständnis zu haben.

Wir sind ein verarmender Staat und werden sehr bald selbst für die wichtigsten Kulturaufgaben keine Mittel mehr zur Verfügung haben. Trotzdem wird jetzt in der Reichstagskommission über ein Jugendwohlfahrtsgesetz beraten. Der Titel dieses Gesetzes mag ja recht versöhnlich klingen. In Wirklichkeit liegt aber dieses Gesetz in der allgemeinen Richtung der seit der Revolution verfolgten Politik: Auflösung des Familienlebens. Je mehr das Familienleben gepflegt und die Verantwortung der Eltern und Anverwandten geschärft wird, um so weniger wird der Staat und seine Organe Veranlassung haben, in die Rechte der Eltern einzugreifen, amtliche Vormünder zu stellen u.s.f. Statt dieses Pflichtgefühl und damit den Familiengeist zu stärken, gerade dieses stärkste Bollwerk des Nationalstaates und des monarchischen Gedankens zu vernichten. In diesem Sinne wird das Reichsjugendwohlfahrtsgesetz in dieser Hinsicht wirken, wenn es zur Annahme gelangt. Es werden dafür nur 50000000 Mark gefordert. Seine Durchführung würde nur 2000 neuer Beamter bedürfen.

Die große Weltlüge der Schuld am Kriege wird weiter von unseren Feinden verfolgt. Eine Lüge braucht zehn neue, um zugedeckt zu werden. Nach diesem Grundsatze wird jetzt Weltpolitik getrieben. Und selbst Harding, der neue Präsident von Nordamerika hat sich nicht zu sittlichen Höhe der Wahrheit emporschwingen können. In der Schuldfrage bließ er in dasselbe Horn, wie England und Frankreich. Er spielte wohl die Saiten der Wahrheit für sein Land, denn sie würde innen- und außenpolitisch und, was für Nordamerika besonders wichtig ist, wirtschaftspolitisch geradezu umwälzend wirken. Bei aller Verurteilung und Verleugnung der Wilsonschen Politik blieb Harding so auf halbem Wege stehen und fand nicht den Mut zur absoluten Wahrheit.

Leider müssen wir dieselben Vorwürfe auch gegen unsere eigenen Diplomaten erheben. Es war die höchste Pflicht Vonseiten der Deutschen Regierung für diese Wahrheit nachdrücklich und unerbittlich zu kämpfen. Daß auf diesem Gebiete so mancherlei geschieht, sei ohne weiteres zugegeben; aber es fehlt allen diesen Unternehmungen und Bestrebungen der wirkliche Geist, das Feuer, der Nachdruck, die Größe des Wollens und Handelns.

Freude an seinem Stand und das Interesse an der Scholle nimmt, muß angewendet werden. Und sind wir einmal in einigen großen, für die Weltwirtschaft, für die Getreide- und Rohstoffversorgung, sowie den Transport wichtigen Ländern Herren der Lage, rotten wir zuerst die Intelligenz aus und schaffen die Massen, die wir von den Tyrannen befreiten, aber durch Terror ein, bis sie das gefügige und zuverlässige Werkzeug unseres Willens sind. Wir werden auf friedlichem und gewaltsamem Wege unsere Herrschaft auch auf die anderen Länder ausbreiten, indem wir die erreichbaren zu Angriffskriegen gegen uns zwingen, die ferner gelegenen zu Konzessionen nötigen. In Ausnützung dieser Vorteile werden wir auch jene Staaten unter unsere Herrschaft bringen. Durch neue Gesetze wollen wir das politische Leben der uns dienstbar gewordenen so ordnen, als ob sie ebenso viele Teile einer Maschine wären. Solche Gesetze werden nach und nach alle Freiheiten beschneiden, die man den Gojim (Nichtjuden) erlaubt hat. Es ist wesentlich für uns es so einzurichten, daß es in allen Ländern neben uns nichts als nur ein gewaltiges Proletariat gibt, wobei Soldaten und öffentliche Sicherheit unserer Sache dienstbar sein müssen. Um unsere Macht über die nicht jüdischen Regierungen Europas zu beweisen, wollen wir unsere Kraft an einer von ihnen mit Hilfe von Verbrechen und Gewalt beweisen, zozujagen durch eine Herrschaft des Terrors.«

Dazu bemerkt die obenerwähnte Kirchenzeitung:

Das ernsthaft zu nehmende Britische Museum veröffentlicht dieses vor 15 Jahren verfaßte Programm. Ein sonst immer judenfreundliches Blatt, die »Times«, schreibt: »Entweder, wenn wir dieses Programm mit dem vergleichen, was wir seit Jahren erlebten, ist der Verfasser desselben der größte Prophet aller Zeiten, oder aber das Programm entspricht wirklich eben so sehr einem vorgefaßten Plan, wie es den Tatsachen entspricht. Dann aber ist die Zeit gekommen, da es Selbsterhaltungspflicht aller Völker ist, wirksame Gegenmaßregeln zu ergreifen.«

Diese ganze Mitteilung entnehmen wir dem von Ströter und Stöcker herausgegebenen »Prophetischen Wort«, März-April 1921, das als Quelle die »Schweizer Republikanischen Blätter« Beilage zu Nr. 50, 10. Juli 1920, angibt. Wir unsererseits stehen vor einem Rätsel. Wir würden das Ganze für eine antisemitische Irreführung halten, wenn nicht das Britische Museum mit seinem Ansehen dahinter stände. Ist die Sache Wirklichkeit, so haben wir ein fast fatanisches Bild vor uns.

Hierzu bemerkt das christliche Tageblatt »Aufwärts« Bielefeld-Bethel: »Dieser Meinung schließen wir uns an. Dasselbe Dokument ist schon vor einiger Zeit in anderen Blättern der deutschen Presse mitgeteilt worden. Wir haben ihm damals keine Bedeutung zugemessen, weil es uns um seines schändlichen Inhalts willen als eine Fälschung erschien. Nachdem aber seine Echtheit durch die Autorität des angesehenen Britischen Museums beglaubigt ist durften wir es unsern Lesern nicht länger vorenthalten, dient es doch dazu, uns über die furchtbaren Gefahren des organisierten Judentums die Augen zu öffnen. Über die zerstörenden Wirkungen des Judentums in unserem politischen und kulturellen Leben waren wir uns nie im Unklaren, neu ist aber die Erkenntnis, daß all die Zerstörungsarbeit nach einem vorgefaßten, raffiniert erdachten Plan verrichtet wird, und das macht sie erst recht gefährlich. Diesem von Gott verlassenen, mit dem Teufel im Bunde stehenden zielbewußt arbeitenden Judentum kann nur eine von Christusgeist erfüllte Gesellschaft wirksamen Widerstand entgegenstellen. Wie einst der Auferstandene die organisierte Feindschaft der Juden zu Schanden machte, so hat er auch heute noch die Macht, die über die Gewalten der Finsternis triumphiert. Der Glaube an ihn ist weltüberwindender Sieg."

Politische Rundschau.

Herr Stegerwald hat es nicht leicht gehabt. Er ist sicher ein außerordentlich zäher und willensstarker Mann. Auch die Behauptung, daß er über den Parteien steht, mag bis zu einem gewissen Grade berechtigt sein, aber er kann auch nicht aus seiner Zentrumshaut oder richtiger, aus seiner Zentrumsfraktion heraus.

Die linksradikalen Parteien hat der parteipolitische Haß blind gemacht. In jedem anderen Volke auf der Erde hätte die ungeheure Not im Innern, die drohenden Gewaltmaßnahmen von außen eine gewaltige Einheitsfront hergestellt. Bei der Regierungsbildung in Preußen war von diesen Täten nichts zu spüren, blindwütig schauen die Parteien durch ihre Brillen und verdammen jeden, der die Welt in einer anderen Farbe, in einem anderen Lichte sieht.

Nach den wiederholten Ablehnungen der Mehrheitssozialdemokraten wäre es eine Tat gewesen, eine Regierung von den Demokraten bis zu den Deutschnationalen zu bilden, eine Regierung, die außerordentlich tragfähig gewesen wäre und eine Einheitsfront aller Parteien mit nichtsozialistischer Weltanschauung hergestellt hätte. Das mag auch Herrn Stegerwald vorgeschwebt haben. Aber da die Zentrumspartei einen starken

Wenn selbst Dr. Simons im Reichstage ein halbes Schuldbekenntnis ablegte, zu einer Zeit, in der sich selbst ein Kautsky seine erhobenen Vorwürfe wieder öffentlich zurücknimmt, so fehlt einem dafür umso mehr das Verständnis, weil es selbst dem größten Feinde Deutschlands nicht möglich sein wird, auch nur den Schatten eines Beweises dafür zu erbringen, daß es Schuld am Kriege sei, umsoweniger, weil gerade die gegenteiligen Beweise aus Rußland, Serbien, England, Frankreich, ja selbst aus Amerika je länger, je mehr sich anhäufen.

Die Revolution mit der herbeigeführten demokratisch-parlamentarischen Regierungsform hat gewisse Herrschaften in den Sattel gehoben, die auch darin bleiben wollen. Bei der Revolution und in ihren Nachwehen spielt auch die Kriegsschuldfrage eine große Rolle. Es sei nur an den berühmten und berüchtigten Untersuchungsausschuß erinnert. Wenn erst das gesamte deutsche Volk in seiner Mehrheit die Schuldlosigkeit Deutschlands am Kriege erkannt hat, in einem Maße, daß der Glaube daran durch nichts mehr erschüttert werden kann, muß die ganze Revolution mit all ihren Nacherscheinungen als ein furchtbares Verbrechen erscheinen, und die Träger dieses Systems werden vom Fluch des gesamten Volkes getroffen werden. Um diesem Schicksal zu entgehen, wird auch bei uns in den maßgebenden Stellen Deutschlands Kriegsschuld in mehr oder weniger verklausulierter oder verschleierter Weise zugegeben. So sagte noch vor wenigen Tagen der preußische Minister des Innern Severing im Landtage. „An der Verwilderung der Jugend trägt die Rechte die Hauptschuld, denn sie ist eine Folge des Krieges". Also wieder die Behauptung, daß ein bestimmter Teil des deutschen Volkes am Kriege schuld sei.

Die Parteipolitik, die so blindem Haß zu solchen verleumderischen Lügen greift, ist fluchwürdig und undeutsch. Sie wird uns nicht aus dem Unglück heraus, sondern tiefer hineinführen.

Wir haben es in Deutschland mehrfach erlebt, daß selbst bei schon bekannt gewordenen Politikern eine Entwicklung von links nach rechts möglich ist. Wir erinnern nur an den ehemaligen Demokraten Pfarrer Traub und Dr. Maurenbrecher, den ehemaligen Sozialdemokraten.

Aber, daß ein im Amte befindliche Minister oder gar Ministerpräsidenten einen solchen Weg nehmen, wäre in Deutschland unerhört und würde ihrer politischen Laufbahn sofort ein Ende bereiten. In England ist Lloyd-George der Konservativen Partei beigetreten und seine Entwicklung von der radikalen Linken bis zur radikalen Rechten hat damit einen Abschluß gefunden, aber damit nicht seine Stellung an der Spitze der englischen Regierung. Lloyd-George hofft damit seine Stellung verstärkt zu haben. Seit Monaten spielt er mit dem Instrument der Parlamentsauflösung und Neuwahlen. Mit seinem offiziellen Übertritt in die Konservative

Frankreichs Überfälle auf deutsche Gebiete

Bei den erschreckenden Unkenntnissen von unserer deutschen Geschichte sind nur noch wenige Bundesbürger in der Lage, leichtfertig hingeworfene Behauptungen über die Vorgänge an der Westgrenze des Deutschen Reiches – zu Frankreich hin – zu beurteilen und auf ihre Glaubwürdigkeit und Wahrheit hin zu prüfen. Nur zu leicht lassen sich die deutschen Bundesbürger von den Umerziehern weismachen, daß das Deutsche Reich mindestens so oft wie Frankreich seinen westlichen Nachbarn überfallen hat.

Der Wahrheit wegen sei hier gesagt, daß dies eine schamlose Lüge ist, weil Deutschland in den letzten drei- vierhundert Jahren seinen westlichen Nachbarn nicht ein einziges Mal angegriffen hat, auch wenn man 1914 herausstellt, da es sich um einen von Frankreich provozierten Krieg handelt, den der französische Ministerpräsident Poincaré in Rußland Ende Juli 1914 erfolgreich mit dem russischen Außenminister eingefädelt hat.

Einundzwanzig Überfälle und Kriegserklärungen

1633	besetzt Frankreich Lothringen,
ab 1636	führt Frankreich offen Krieg gegen Deutschland und hintertreibt Friedensmöglichkeiten,
1648	eignet sich Frankreich im Westfälischen Frieden an: den Sundgau, Ober- und Unter-Elsaß, die Vogetei-Rechte in zehn elsässischen Städten, die Städte Metz, Tull (Toul) und Wirten (Verdun). Außerdem bildet es am Ostufer des Rheins starke Brückenköpfe bei Philippsburg und Breisach,
1672	führt Frankreich einen Angriffskrieg gegen die Niederlande,
1673/74	verwüsten Franzosen die Pfalz und setzen über den Rhein,
1677	wird Breisach, 1678 Kehl erobert,
1679	erhält Frankreich im Frieden Freiburg und Lothringen,
1681	erobert Louvois mitten im Frieden Straßburg und entreißt diese Stadt dem Reich. Ludwig XIV. zieht am 30. Januar in die Stadt ein,

1684	überfällt der französische Marschall Mélac die Pfalz, Trier und Luxemburg werden besetzt,
1688	erneuter Überfall auf die Pfalz, bei dem das Land wiederum stark verwüstet wird,
1689	wird Heidelberg am 2. März erobert und zerstört. Die Städte Speyer, Worms, Mainz, Bonn, Stuttgart und Tübingen werden erobert, im Speyer-Dom die Gräber der Salier-Kaiser geschändet, das Land gebrandschatzt und verwüstet,
1692	dringen die Franzosen wiederum in Süddeutschland ein, Calw, Pforzheim und Hirsau gehen in Flammen auf,
1693	fällt Mélac erneut in Heidelberg ein, sprengt das Schloß und verwüstet Stadt und Land schlimmer als im Dreißigjährigen Krieg,
1757	Einfall nach Deutschland anläßlich des Siebenjährigen Krieges, wo die Franzosen bei Roßbach vernichtend geschlagen werden,
1806	Überfall Napoleons auf Preußen,
1809	Überfall Napoleons auf Österreich,
1870	Kriegserklärung Frankreichs an das Deutsche Kaiserreich, am 19. Juli 1870,
1923	Einfall in das deutsche Ruhrgebiet – mitten im Frieden mit fünf kriegsstarken Divisionen einschl. Negerbataillonen, 200 Panzern und 200 Flugzeugen, jeder Poilu hat durchgeladen und ist mit 150 Schuß ausgerüstet, im „Frieden von Versailles"!
1939	am 3. September erklärt Frankreich dem Deutschen Reich – wie England – den Krieg, grundlos, weil Hitler erklärt hat, daß er weder von Frankreich noch England etwas wolle. Lediglich Danzig und die Eisenbahnlinie wie eine Autobahn als exterritoriale Verbindung vom Reich nach Ostpreußen fordert er seit Oktober 1938 von Polen, garantiert diesem Staat sogar alle anderen unrechtmäßig erworbenen Gebiete und derzeit bestehenden Grenzen.

Welcher Franzose kann behaupten, daß das Deutsche Reich Frankreich im Osten seit Jahrhunderten bedroht?

Dokumentation des NS-Unrechts

Beurkundete Sterbefälle von Häftlingen ehemaliger deutscher
Konzentrationslager beim

S o n d e r s t a n d e s a m t   A R O L S E N

	bis 31.12.1982	vom 01.01.1983 bis 31.12.1983	insgesamt bis 31.12.1983
Auschwitz	53 606	27	53 633
Bergen-Belsen	6 851	-	6 851
Buchenwald	20 671	-	20 671
Dachau	18 451	-	18 451
Flossenbürg	18 330	-	18 330
Groß Rosen	8 355	-	8 355
Lublin	7 245	426	7 671
Mauthausen	78 823	1	78 824
Mittelbau	7 463	-	7 463
Natzweiler	4 431	-	4 431
Neuengamme	5 706	-	5 706
Ravensbrück	2 128	2	2 130
Sachsenhausen	5 012	-	5 012
Stutthof	11 237	1 065	12 303
Theresienstadt	27 260	344	27 604
Verschiedene	4 643	-	4 643
	280 212	1 865	282 077

Zahl der Karteikarten in der Hauptkartei des
Sonderstandesamtes über registrierte KL-Sterbefälle
beim Sonderstandesamt und anderen Standesämtern
zum 31.12.1983   373 468

(einschließlich Hinweiskarten für
- Todeserklärungen und Anfragen von Amtsgerichten
  betr. Todeserklärungen
- verschiedene Schreibarten von Familiennamen usw.)

Die Beurkundungszahlen des Sonderstandesamtes lassen keine
Rückschlüsse auf die tatsächliche Zahl der Toten in den
Konzentrationslagern zu.

Arolsen, den 16.01.1984

Der Standesbeamte

(Butterweck)

ANMERKUNG Nr. 4:
Polnischer Chauvinismus
Nachhilfe-Unterricht für das deutsch-polnische Verhältnis

ipi-DOKUMENTATION

Das 1921 an der Universität Posen gegründete "West-slawische Institut" hatte als "wissenschaftliche Forschungs- und Publikationsstätte" das besondere Arbeitsziel, "die Sprache, Geschichte, Volkskunde und Vorgeschichte aller westslawischen Stämme, die zwischen Elbe (!) und Weichsel gesessen haben, zu erforschen" und "den lechitischen, d.h. urpolni-schen Charakter aller Gebiete östlich der Elbe (!) nachzuweisen" und entfaltete eine rege Tätigkeit als "wissenschaftliche Bastion" polnischen Erobe-rungsdranges bis 1939 und verdeckt noch heute.

21.11.1923: Warschauer Zeitung "Rzeczpospolita": "Es gibt gewissermaßen zwei Polen; ein im Kriege erlangtes offizielles, für die übrige Welt geeinig-tes Polen, und ein zweites inoffizielles, nichter-langtes, 'unbefreites Polen', nämlich Ostpreußen, das heute für uns verloren gegangen, aber morgen schon unter gemeinsamem Dache mit uns leben wird. Die verhängnisvolle ostpreußische Abstimmung hat die Frage der Zugehörigkeit dieses Landes schänd-lich gefälscht."

und am 10.12.1923: "... diese Stunde, in der Polen Gelegenheit haben wird, eine Aktion zur Rettung dieses wertvollen Volkes aus dem teutonischen Stru-del zu unternehmen, früher schlagen wird, als wir erwarteten. Für die Zukunft des polnischen Staates sind diese Gebiete unentbehrlich."

1926: In Nr. 1 der Westmarkenvereinszeitschrift "Straznica Zachodnia" stellte der damalige Direk-tor des 1925 gegründeten "Baltischen Institutes", St. Srokowski, als Aufgabe des Instituts u.a. die "Bedeutung Ostpreußens für die Welt und Polen" her-aus, "denn das Pregelland ist die eigentliche pol-nische Meeresküste; denn das ganze Gebiet, das sich südlich hiervon bis zu den Karpaten erstreckt, das ist urpolnisches Land."

19.3.1928: Der polnische Professor J. Kostrzewski vom "Westslawischen Institut" erklärte in einem Artikel des "Kurjer Poznanski" (Posen) wie auch im "Slowo Pomorski" (Thorn): "Polen hat nicht nur nichts, was es den Deutschen abgeben könnte, son-dern muß ihnen noch beträchtliche Gebiete rein polnischen Landes abnehmen. Nicht Deutschland ist durch das Traktat von Versailles geschädigt wor-den, sondern Polen."

2.12.1928: Universitätsprofessor Z. Wojciechowski stellte in einer Festsitzung vor der Posener Stu-dentenverbindung "Baltis" laut "Kurjer Poznanski" die geschichtlichen Standpunkte Polens u.a. wie folgt dar: "... Die Geschichte Polens beginnt mit der Ge-schichte Pommerns, das zwischen dem Unterlauf von Oder und Weichsel gelegen war ... das wurzelechte Polen ist nicht nur das, das bei Gnesen, Posen und Danzig, sondern auch das bei Stettin, bei Lubasz, genannt (!) Frankfurt an der Oder, bei Breslau und an den Flußläufen von Bober und Queiß ..."

November 1929: Die Monatsschrift "Nowy Smiech" aus Warschau brachte u.a. folgenden Vers:
"Ihr deutschen Hunde! Eine Hündin eure Mutter war, Satansmütter haben euer Geschlecht geboren. Ihr begehret ewig, daß die Menschheit blute - Doch wißt: das polnische Volk wird dann erwachen!"

18.12.1929: In der Entschließung der nach Warschau einberufenen 6. Allgemeinen Tagung der polnischen akademischen Jugend mit großem Widerhall im gan-zen Land heißt es u.a.: "Die polnische Jugend be-trachtet die Zugehörigkeit ... Groß-Polens, Schle-siens, Pommerellens und Freien Stadt Danzig zu Polen als heilig und unantastbar ... die akademi-sche Jugend unsere in deutscher Knechtschaft ver-bliebenen Bürger niemals vergessen und in Zukunft ihre Fahnen nach Königsberg, Allenstein und Oppeln tragen wird" (Kurjer Poznanski vom 3.1.1930).

Frage: Was hat das mit Hitler und den "Ergebnissen des 2. Weltkrieges" zu tun?

☆

... im mit deutsch-österreichischer Hilfe am 5.11.1916 wiedererstandenen Polenstaat die ersten KZ - Lager Europas in Szcypiorno (1918) und Stralkowo (1919) mit je etwa 8000 meist deutschen Häftlingen, 1926 dann in Bereza-Kartuska sowie in Brest-Litowsk er-richtet und in der Zeit von 1920 - 1930 aus Posen/Westpreußen und Oberschlesien rund eine Million Deutsche aus Polen ausgewiesen oder vertrieben wurden?

... im April 1939 nach dem Teilmobilmachungsbefehl in Po-len ein unbeschreiblicher Kriegsbegeisterungstaumel und eine wüste Hetze gegen Deutschland begann mit pro-vokatorisch-chauvinistischen Forderungen nach Annek-tion ganz Ostpreußens, Polens Grenze bis zur Oder (sic!), ja sogar bis zur Elbe vor-zuschieben, Plakate an den Hauswänden "Auf nach Berlin" riefen und bis zum Beginn des Kriegsausbruches 1939 allein in reichsdeutschen Lagern bereits rund 70000 deut-sche Flüchtlinge aus Polen innerhalb gut eines Jahres registriert wurden?

ANMERKUNG Nr. 5:

„12 Vernichtungslager überlebt!"

Der folgende Leserbrief wurde in „HALT"
veröffentlicht

**Nachfolgender Leserbrief wurde in den SN
nicht veröffentlicht**

Sehr geehrte Herren!
Als treuer Leser Ihres geschätzten Blattes und
aus aktuellem Anjaß bitte ich um freundliche
Veröffentlichung nachstehenden Leserbriefes.
„12 Vernichtungslager überlebt"?
Wie erstaunte Hörer in der Sendung „Zeitzeuge" in Ö1, Journal-Panorama, vom Dienstag,
dem 29. Oktober 1985, 18.30 Uhr vernehmen
konnten, hat der weltbekannte „Nazijäger" und
internationale, fünffache Ehrendoktor, Herr
Simon Wiesenthal, laut eigenen Angaben,
während der Ära des Dritten Reiches 12 „Vernichtungslager" überlebt.
Bei der sprichwörtlich deutschen Gründlich-
keit, mit einem Schuldkonto von angeblich „6
Millionen vergasten Juden", kommen in mir
nun Zweifel und Fragen auf.
Auf welch andere Weise hätte Herr Wiesenthal
die „Vernihtungslager" überleben können,
wenn er nicht mit den damaligen Machthabern
kollaboriert hätte? Oder aber es handelte sich
nicht um „Vernichtungslager" mit dem Ziel des
physischen Vernichtens, sondern um Gefangenenlager? Zur Erklärung: Laut „Daily-Express",
London, vom 24. März 1933, erklärte das Judentum an Deutschland den Krieg! — Bis zum
tatsächlichen Kriegsausbruch am 1. September 1939 wurden mehrere derartige Kriegserklärungen offiziell ausgesprochen. Die Natio-
nalsozialisten reagierten zu Kriegszeiten folge-
richtig mit der Internierung der „kriegserklä-
renden Partei". Vielleicht sind die vielen von
Hrn. Wiesenthal durchstandenen und überlebten „Vernichtungslager" letztlich doch Beweis
dafür, daß es sich hiebei um keine „Vernichtungslager" handeln konnte.
Erwin Landl, Wagrain

ANMERKUNG Nr. 6:

Major a. D.

SR. Ing. Emil LACHOUT

Amtssachverständiger

A-1100 Wien, Max Mauermann-Gasse 25/1

Österreich

Eidesstattliche Erklärung

Aufgrund vielfacher Berichte und Beschwerden, dass die sogenannten "Kriegs-
verbrecher-Geständnisse" durch Folterung und Gehirnwäsche(Mentizid) erreicht
wurden, wurden im Jahre 1948 in Österreich und in Deutschland Alliierte Son-
derkommissionen mit der Prüfung dieser Vorwürfe betraut.
Diese Alliierte Kriegsverbrecher-Untersuchungskommission hat in Österreich
folgendes festgestellt:

- Die Geständnisse der Kriegsgefangenen deutschen Soldaten und insbesondere
  die der Angehörigen der Waffen-SS und der SS-Wachtruppe sind durch Folterungen
  und Gehirnwäsche erpresst oder gefälscht worden.
- Im Konzentrationslager (KZ) MAUTHAUSEN hat es bis zur Befreiung im Jahre
  1945 keine Gaskammern gegeben, in welchen Menschen vergast wurden.
- Es wurde festgestellt, dass die Aussagen vieler KZ-Häftlinge unrichtig und
  unglaubwürdig waren, weil sich die kriminellen Häftlinge fälschlich als
  politisch oder rassisch Verfolgte bezeichnet hatten und mit den Greuelge-
  schichten ihre kriminelle Bestrafung vertuschen wollten, um nicht den Rest
  ihrer Strafen absitzen zu müssen.
  Ausserdem konnte in vielen Fällen bei den Aussagen von Angehörigen der
  Oststaaten festgestellt werden, dass diese nie in einem KZ, sondern in
  Arbeitslagern waren und die Greuelberichte nur deswegen erzählt haben, um
  einer Verfolgung als Kollaborateure zu entgehen. Auffallend war auch, dass
  viele Zeugen aus den Oststaaten unvermittelt nach ihren Aussagen verstorben
  waren.
Von der Alliierten Kommission wurden folgende Schlussfolgerungen gezogen:
- Die bisher durchgeführten Untersuchungen und Erhebungen müssen unter ge-
  wissenhafter Beachtung des Genfer Abkommens über die Behandlung von Kriegsgefangenen und der Menschenrechtskonvention wiederholt werden. Gerichtlich
  abgeschlossene Verfahren sind nur dann zu überprüfen, wenn entsprechende
  Anträge oder Beschwerden vorliegen.
- Allen Untersuchungen und Erhebungen, insbesondere den Vernehmungen sind
  österreichische Fachkräfte des militärpolizeilichen Dienstes zur fachkun-
  digen Unterstützung und als Zeugen beizuziehen. Sollten diese Organe Folterungen und Gehirnwäsche feststellen, dann haben sie das Recht, hierüber
  sofort Meldung bei den zuständigen alliierten Militärbehörden zu erstatten,
  die diese Übelstände ehestens abzustellen haben.
- Die alliierten Soldaten und Beamten, welchen Folterungen nachgewiesen werden
  können, sind sofort zu anderen Dienststellen zu versetzen.
  (Anmerkung: Eine strafrechtliche Verfolgung war nicht vorgesehen!)
Aufgrund dieser Richtlinien wurden viele Verfahren eingestellt und die Kriegsgefangenen entlassen. Es konnte aber festgestellt werden, dass diese Richt-
linien umgangen wurden, indem Gefangene mit den erpressten Geständnissen an
Oststaaten übergeben wurden, wo eine weitere Überprüfung und Kontrolle durch
die Österreicher nicht möglich war.
Ich möchte ausdrücklich feststellen, dass es in den Oststaaten keine solche
alliierte Untersuchungskommission gegeben hat.
Im Auftrage der österreichischen Bundesregierung haben als österreichische
Vertreter an dieser Überprüfung Herr Major MÜLLER, abwechselnd verschiedene
(Amts-)Ärzte und ich teilgenommen. Ich habe nach Ansage von Herrn Major Müller
die erforderlichen Aufzeichnungen in deutscher Sprache geführt. Ausserdem habe
ich unter Aufsicht von Herrn Major Müller die Einvernahmen über die Folterungen
geführt. und deren Abstellung veranlasst.

Die Ärzte haben die Gefolterten medizinisch untersucht und die entsprechenden
Befunde ausgestellt. Diese Schriftstücke wurden von Dolmetschern der Alliierten
in englisch, französich und russisch übersetzt.
Zur Information wurden alle betroffenen Dienststellen mittels Rundschreiben verständigt.
Ich kann mich erinnern, dass von der in Deutschland tätigen Alliierten
Untersuchungskommission Berichte eingelangt sind, wonach bei der Untersuchung festgestellt wurde, dass auch in anderen Konzentrationslagern
keine Menschen vergast wurden. Als einziges Lager habe ich mir nur DACHAU
gemerkt, da mein Vater dort einige Tage als politischer Häftling war und
mir der Bundesfeldmeister des Österr.Pfadfinderbundes Karl PROCHASKA, der
dort auch Häftling war, ebenfalls bestätigt hat, dass es in diesem Lager
keine Menschenvergasung gegeben hat.
Der Akt (mehrere Ordner) wurde bei Auflösung des militärpolizeilichen
Dienstes dem Beauftragten der österreichischen Bundesregierung übergeben.

Wien, am

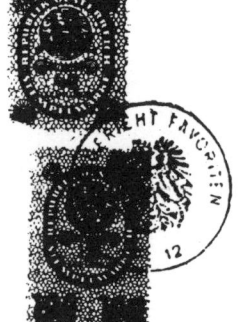

ANMERKUNG Nr. 7:

Aus dem technischen Gutachten von Ing. Emil Lachout
über die Gaskammern in Mauthausen folgt das technische
Ergebnis von Blatt 8:

Blatt 8

Ergebnis der technischen Begutachtung

5.1. Der zur Zeit als "Gaskammer" bezeichnete Kellerraum im ehemaligen
Konzentrationslager MAUTHAUSEN war ein kleiner Kühlraum, in dem
keine Vergasungen durchgeführt werden konnten.

5.2. Die von den ehemaligen KZ-Häftlingen angeführten Vergasungseinrich-
tungen(Gasdusche, Mauerschlitz, Schacht, An- und Absaugkanal, Venti-
lation, Gaskamin) können bautechnisch nicht nachgewiesen werden.

5.3. Da sich die Aussagen widersprechen bzw. technisch unmöglich sind,
muss angenommen werden, dass sie nicht stimmen. Diese Annahme wird
dadurch erhärtet, dass ein Zeitzeuge in verschiedenen Veröffentlichungen drei verschiedene Vergasungsarten nacheinander angeführt
hat, die sich widersprechen(Niederschrift bei der Kommission von
Major Eugen Cohen, "Mauthausen 8.8.1938/5.5.1945" und "Nationalsozialistische Massentötungen durch Giftgas"). Zeugenaussagen,
die sich dreimal widersprechen, haben überhaupt keine Beweiskraft!

5.4. Somit kann auch von technischer Seite bestätigt werden, dass die
unter Punkt 2 angeführten, aufgrund des Wahrheitsbeweises von Ing.
Friedrich Rainer, Klagenfurt, erlassenen gerichtlichen Freisprüche
in dieser Angelegenheit zu Recht erfolgt sind.

6. Eine chemische Untersuchung auf eventuelle Gasrückstände im Mauerwerk
durch unabhängige Sachverständige wurde nicht gestattet.

Wien, 13. Dezember 1988

Nur für den bautechnischen Teil

Baumeister Ing.Silvio Hartl

SR. Ing. Emil Lachout
Ing. Emil LACHOUT
Max Mauermann-G. 25/1
A - 1100 WIEN

Baumeister
Ing. Silvio HARTL
1090 Wien, Simon-Denkg. 8/14
Telefon

BUNDESPRÄSIDIALAMT

Az.: I/2-029-3233/85
(Bei Rückfragen bitte angeben)

Kaiser-Friedrich-Straße 16
5300 **BONN 1**, den 10.02.1989

Telefon: (0228) 200 .....230....
(oder über Vermittlung 2001)
Telex: adbpn d 886393
Telefax: (0228) 200-200

Sehr geehrter Herr . . .

der Herr Bundespräsident hat mir aufgetragen, Ihnen auf Ihren
Brief vom 29. Januar 1989 zu antworten, in dem Sie die sogenannte "Auschwitz-Lüge" ansprechen. Aus der Dokumentation über
den Nationalsozialismus, die Walter Hofer als Fischer-Buch
herausgegeben hat, sowie aus der neuen Studie des britischen
Historikers Gerald Fleming "Hitler and the Final Solution"
ergibt sich mit Belegen, weshalb alle seriösen wissenschaftlichen Schätzungen von einer Zahl von etwa 5 bis 6 Millionen
ermordeter Juden ausgehen.

Der Herr Bundespräsident ist jedoch der Auffassung, daß sich
zwar die genaue Zahl der unter nationalsozialistischer Herrschaft ermordeten Juden - zum Ärger der zahlreichen Buchhalter
unter uns - niemals mit letzter Gewißheit feststellen lassen
wird, daß sie aber für die moralische Beurteilung dessen, was
damals geschehen ist, ohne Bedeutung ist. Entscheidender sind
vielmehr die zahlreichen Augenzeugenberichte, die uns ausschnitt-
weise den Blick freigeben in das Grauen und das millionenfache
Morden in Konzentrations- und Vernichtungslagern.

Mit freundlichen Grüßen

Dr. Dellmann

ANMERKUNG Nr. 9:

10 Milliarden Kindergeld an Ausländer

Wie nebenstehende Statistik der Nürnberger Bundesanstalt für Arbeit zeigt, wurde 1987 bundesdeutsches Kindergeld in einer Größenordnung von 1,719 Milliarden Mark an ausländische Staatsbürger gezahlt. Zieht man die Beträge für deutsche Volkszugehörigkeit, die nicht die deutsche Staatsbürgerschaft haben, ab, so bleiben rund 1,65 Milliarden Mark bundesdeutsches Kindergeld für Ausländer im vorigen Jahr. Mit über 837 Millionen Mark standen türkische Zahlungsempfänger an der Spitze. Seit der Bonner „Wende" im Jahre 1982 wurden annähernd 10 Milliarden Mark Kindergeld an Ausländer überwiesen. Für deutsche Anliegen – etwa die Förderung junger deutscher Familien – aber fehle das Geld, heißt es in Bonn . . . .

REPORT Seite 9/ Nr. 40 / 30. September 1988

Kindergeldzahlungen nach der Staatsangehörigkeit der Berechtigten

Berichtszeitraum: November/Dezember 1987 bzw. Kalenderjahr 1987

| Staatsangehörigkeit der Berechtigten | Berechtigte insgesamt | Kinder insgesamt | davon waren — Kinder | | | | | | | | | Zahlungsbetrag in DM¹) im Jahr 1987 |
| | | | 1. | 2. | 3. | 4. | 5. | 6. | 7. | 8. | 9. und weitere | |
	1	2	3	4	5	6	7	8	9	10	11	12
Berechtigte insgesamt	**6190976**	**10133533**	**6078745**	**2940052**	**817434**	**211860**	**59219**	**17801**	**5567**	**1852**	**1003**	**10743023746**
davon												
Deutsche	5518080	8754328	5413604	2513671	636108	142852	34264	9325	2835	1025	644	9023298989
Ausländer	672896	1379205	665141	426381	181326	69008	24955	8476	2732	827	359	1719724757
davon Belgier	2175	3681	2110	1115	338	78	32	7	1	–	–	4152191
Dänen	1057	1755	1035	544	151	22	2	1	–	–	–	1812959
Franzosen	15010	25339	14792	7520	2378	486	116	32	12	3	–	27677882
Engländer	7521	13086	7360	4110	1203	296	84	25	7	1	–	14223567
Iren	345	592	341	173	54	16	4	3	1	–	–	653819
Italiener	87628	163502	86227	53526	17986	4382	1024	247	70	23	17	204316293
Luxemburger	431	689	419	211	42	11	4	1	1	–	1	697847
Niederländer	16371	28168	16066	9021	2413	526	107	22	11	1	1	30806819
Griechen	39629	69215	39352	23556	5425	727	116	26	8	2	3	76395191
Jugoslawen	101818	203090	100576	65514	23690	8392	3185	1179	390	115	49	196747062
Österreicher	27316	45110	26675	13886	3592	761	156	33	4	2	1	46456692
Portugiesen	12647	21066	12558	6608	1477	323	74	19	4	2	1	20945879
Schweizer	2289	3839	2250	1150	326	79	23	5	4	2	1	3996373
Spanier	20174	34914	20024	11029	3049	611	151	37	12	1	–	36609802
Türken	258587	609188	256952	182636	100885	44430	16393	5422	1735	521	214	837025501
Staatenlose	6027	10507	5801	3079	1039	378	142	52	11	3	2	13179774
Übrige	73871	145464	72703	42703	17278	7490	3342	1365	461	151	71	204027106

ANMERKUNG Nr. 10:

Der freiheitlichste Rechtsstaat der deutschen Geschichte

Mit dieser Anmerkung soll der Leser zum Abschluß dieses Buches zu nüchternem Überlegen und Nachdenken angehalten werden, ob er wirklich in einem Rechtsstaat unter souveräner Regierung lebt oder in einer sadistischen Diktatur, in dem dem eigenen Volk der Garaus gemacht wird.

Herr Genscher erklärte bei der Feier der Vereinten Nationen zum 40. Jahrestag (21. Okt. 1985): „Die Glaubwürdigkeit der Vereinten Nationen entscheidet sich an ihrem kompromißlosem Wirken für die Menschenrechte!" Schweigen wäre besser gewesen. Was sollen hochklingende Worte für Menschenrechte, wenn das eigene Volk noch von 52 Staaten geächtet ist und in der BRD und den beiden anderen deutschen Staaten keine Menschenrechte vertreten werden dürfen? Die BRD als „freiheitlicher Rechtsstaat" und „zivilisiertes Land" leitet nach mehr als 40 Jahren immer noch Strafverfahren wegen „Kriegsverbrechen" ein und führt sie durch, obwohl es mehr als fraglich ist, ob ein Gericht nach dieser langen Zeit noch den Tatbestand klären kann.

Durch den Bonner Vertrag (26. Mai 1952) wurde allein die Verfolgung von deutschen „Kriegsverbrechern" verewigt. Die Alliierten haben 5025 Verfahren gegen Deutsche – meist nach übelsten Folterungen – durchgeführt. In Landsberg wurden allein 806 Todesurteile gefällt, 486 davon am Galgen! Die BRD leitete 88 507 Strafverfahren gegen Deutsche ein, für die es weder Verjährung noch Gnade gibt. Hunderte von Verfahren laufen noch. Greise über 80 Jahre kamen und kommen noch hinter Gitter! Fehlurteile mußten wegen falscher Zeugenaussagen aufgehoben werden, soweit die Beschuldigten noch lebten.

Mit Lügen aufgebaute Kartenhäuser stürzten zusammen wie der „Holocaust". Oft haben die Ärmsten 15 oder 20 Jahre strenger Haft verbüßt. Welcher Richter in der BRD kann nach solchen Urteilen noch ruhig schlafen, die nach mehr als dreißig Jahren auf erkauften Zeugenaussagen gefällt wurden? Warum erließen die Alliierten sofort nach 1945 Amnestiegesetze?

Die unter dem Druck der Siegermächte ohnmächtige deutsche Bevölkerung war rechtlos, wurde zu Millionen noch auf die grausamste Weise umgebracht, und hatte keine Politiker, die sich für die gejagten Deutschen einsetzten.

Nach dem 8. Mai 1945 begann der dritte Teil des 1914 begonnenen Weltkrieges mit der psychologischen Kriegführung gegen das deutsche Volk und die Mitte Europas.

170

Durch vielerlei Maßnahmen soll der Wille der Deutschen gebrochen werden, weil dies durch Waffengewalt und Hungerblockaden in zwei Weltkriegen nicht gelungen war. Auch die Ausplünderungen, Vergewaltigungen von Millionen deutscher Frauen, die Zerstörung altehrwürdiger Stadtzentren und Demontagen führten nicht zum Erfolg. Zur Zeit läuft der Kampf gegen die deutsche Volkssubstanz, an der sich die führenden Regierungsmitglieder der BRD lauthals und mit entsprechenden Gesetzen beteiligen. Sie arbeiten bewußt gegen die Mehrheit der Bevölkerung, die keine Einspruchsmöglichkeit hat, weil jeder Bürger, der nationale Fragen vorträgt, als Faschist und Nazi, als Extremist und Ausländerfeind öffentlich verschrieen und gerichtlich belangt wird.

Auch das Bundesverfassungsgericht verlangt in seinem Urteil vom 31. Juli 1973 auf Seite 18:

Leider müssen wir auch im Jahr 1990 erneut feststellen, wie stark deutschfeindliche Mächte in der Bundesrepublik Deutschland vom Bundespräsidenten an über sämtliche Parteien und Abgeordneten des Bundestages – ja selbst über den Zweiten Senat des Bundesverfassungsgerichtes ihr Unwesen treiben, um den Rechtsstatus des deutschen Volkes in seinem jahrtausendealten Lebensraum mit den Ostgebieten abzubauen.

Wie wir sehen, betreiben diese „Deutschen" Verrat an Deutschland, das schimpflichste Verbrechen, das es gibt! So besteht der „freiheitlichste Rechtsstaat der deutschen Geschichte" auch nach der Vereinigung von West- und Mitteldeutschland nur in den Sprüchen verantwortungsloser Politiker.

Völkerrechtlich sind alle Verträge der deutschen Teilstaaten null und nichtig, weil gültige Verträge nur vom Deutschen Reich abgeschlossen werden können, das fortbesteht, weil nur die Wehrmacht kapituliert hat. Dies gilt auch, wenn es sich nur um wenige Quadratmeter deutschen Bodens handelt (z.B. Wiener Konvention v. 23. 5. 1969 u.a.).

Literaturverzeichnis

(B)   Baßler, Karl: „Die Ausraubung des deutschen Volkes" 1987

(Bg)   Burg, J. G.: „Verschwörung des Verschweigens" 1970 München

(Bu)   Butz, Arthur R.: „Der Jahrhundertbetrug", Richmond 1976

(De)   Delaisi, Fr.: „La Guerre qui vient" 1911

(E)   Evert, Hans-Jürgen: „In der Zeitenwende" März 1986

(Ev)   Evert, Hans-Jürgen: „Vor 45 und danach" März 1985

(Eve)   Evert, Hans-Jürgen: „Aus deutscher Sicht" 1982

(G)   Goldmann, Nahum: „Das jüdische Paradox" 1978

(Go)   Goldmann, Nahum: „Mein Leben als deutscher Jude"

(Ha)   Halt-Zeitschrift/Wien

(H)   Hoggan, David: „Der unnötige Krieg", Grabert Verlag 1974

(K)   Kern, Erich: „Adolf Hitler und der Krieg", K.W. Schütz Verlag, 1971

(L)   Löser, Else: Schr. v. 5. März 1989 an die FAZ

(LN)   Lüdde-Neurath, Walter: „Regierung Dönitz" 1980 Druffel

(M)   Mann, Thomas: „Betrachtungen eines Unpolitischen" 1918

(Ma)   Mannhart: „Verrat um Gotteslohn?" 1938 – Faksimile Verlag

(Mu)   Mut-Verlag: „Dokumente" Teil I und II, Asendorf 1977

(NF)   Neumann-Frohnau, Dr. „Die Zerschmetterung Deutschlands" 1915

(N)   Nürnberger Prozeß Bd. 1-12

(P)   Bd. II 10/Streicher

(Ra)   „Das Rathaus", Nr. 17 vom 24. April 1921

(S)   Die Saat, Zeitschrift des dt. Landesbundes e.V.

(SB)   Schwartz-Bostunitsch, Gregor: „Jüdischer Imperialismus" Th. Fritsch-Verlag, Berlin 1939

(Sch)   Scheidl, Dr. Franz: „Der Staat Israel und die deutschen Wiedergutmachung", Dr. Scheidl-Verlag/Wien

(Schl) Scheidl, Dr. Franz: „Jüdischer Imperialismus"

(St)   Stäglich, Wilhelm, Dr.: „Der Auschwitz Mythos"

(T)   Trachtenberg: „Die Greuelpropaganda ist eine Lügenpropaganda" 1933

(W)   Walendy, Udo: „Historische Tatsachen Nr. 36" 1988

(WA)   Walendy, Udo: „Historische Tatsachen Nr. 38" 1989

(Wal)   Walendy, Udo: „Historische Tatsachen Nr. 31" 1987

Personenverzeichnis